ABRÉGÉ

DES

CAUSES CÉLÈBRES

ET INTÉRESSANTES,

AVEC LES JUGEMENS QUI LES ONT DÉCIDÉES.

*Par M.r P. F. B******

SIXIÈME ÉDITION.

TOME SECOND.

A PONT-A-MOUSSON.
De l'Imprimerie Impériale de F.-D. THIERY,
Imprimeur-Libraire.

AN 1806.

ABRÉGÉ

DES

CAUSES CÉLÈBRES

ET INTÉRESSANTES,

Avec les jugemens qui les ont décidées.

HISTOIRE DE L'ABBÉ DE MAUROY.

ALEXIS de Mauroy est de naissance; il a été destiné pour la profession des armes. Il entre dans le service à seize ans, et il y demeure jusqu'à vingt; il est orphelin de bonne heure. Il mene une vie molle, qui le conduit bientôt à une vie déréglée. Ses débauches obligent son oncle son tuteur, qui est grand-maître ès eaux et forêts de Bourgogne, de le faire enfermer dans la maison de saint-lazare. Dès qu'il se voit éloigné des occasions du monde, il prend tellement l'esprit de retraite et de la discipline ecclésiastique, qu'il est admis dans cette congrégation. Il y demeure douze ans, au bout desquels il est choisi à l'âge de 32 ans, pour avoir la direction spirituelle de l'hôtel-royal des invalides, qui est l'emploi le plus important de cette congrégation.

Son ambition se réveille, il aspire à la prélature. Pour s'en frayer la voie, il fait de grands présens qui peuvent être utiles à ses vues. Il se sert, pour faire des emprunts considérables, de la confiance que des marchands ont en lui; bientôt, il a des intrigues avec des femmes du monde qui lui corrompent le cœur de nouveau. Le supérieur-général de la congrégation instruit de ces désordres, résout de le déplacer, et de confier son ministère à un autre. Il exécute sa résolution.

L'abbé de Mauroy sort de sa congrégation, où il ne peut plus représenter comme il a fait. Il forme le dessein de faire le voyage de Rome, où il se flatte de pouvoir obtenir quelque bénéfice considérable. Il communique son dessein à ses créanciers; il leur promet qu'il sera de retour dans trois mois, et il acquitte les créances qui sont à terme. Il confie sa procuration avec un état de ses dettes, et quelques effets, à la comtesse d'Usez sa sœur; il donne en garde au suisse de cette dame une cassette qu'il ne peut emporter, et il fait monter l'état de ses dettes à 102 mille livres.

Il part de Paris le 2 décembre 1691, sur les cinq à six heures du matin, dans un carrosse qui le mene à Charenton, où il prend la poste. Il se détourne pour aller voir à Quincy la comtesse de la Rivière sa cousine germaine, fille du sieur de Mauroy son oncle, qui a été son tuteur. C'est là qu'il apprend après un séjour de trois jours, que ses créanciers ont rendu plainte contre lui, et l'accusent d'être un banqueroutier frauduleux et fugitif.

Cette nouvelle lui fait former la résolution de revenir à Paris pour appaiser les bruits qui courent. Il se met en chemin et laisse l'argent et les pierreries qu'il a sur lui en dépôt entre les mains de la comtesse de la Rivière. Il se déguise, il prend des routes détournées; il arrive à Paris, où il voit d'abord que le public est abreuvé de son histoire, et que ses créanciers ne sont point en état de revenir des impressions qu'ils ont prises depuis son départ, puisque l'un deux a rendu sa plainte au lieutenant-criminel, qui a fait informer, et l'a décrété de prise de corps, après avoir ordonné la saisie et la revendication de ses effets divertis, qui deviennent l'instrument de sa perte.

Toutes ses négociations échouant, il regarde le monastère de la Trappe comme un port dans son naufrage. Cependant, prêt à embrasser ce parti, il se présente une occasion de débauche prouvée au procès, avec une fille déréglée, avec laquelle il s'oublie; il rentre ensuite dans son état dont il est sorti. Il se déguise en homme du monde, il va à l'abbaye de la Trappe. Il y expose au supérieur à qui il ne cache rien, le dessein où il est de prendre l'habit religieux; mais ce supérieur se détermine à le refuser.

L'abbé de Mauroy se flatte qu'on aura plus d'indulgence pour lui à Sept-Fons, dont la réforme a suivi celle de la Trappe peu de temps après. Il se met en chemin pour se rendre à ce monastère. Arrivé à Orléans, il résout de faire le voyage à pied; il laisse son cheval, qui est de prix, à son hôtellerie; il ordonne à son hôte de le remettre à celui qui viendra le prendre, qui lui montrera un cachet dont il lui donne l'empreinte.

Il poursuit sa route, il ne se fait connoître à l'abbé que sous le nom d'un ecclésiastique de condition qui vient faire pénitence. Touché de ses larmes et de son repentir, l'abbé lui donne l'habit de novice.

Cependant, ses créanciers ont envoyé son portrait à plusieurs prévôts des maréchaussées, avec des ordres de la cour pour l'arrêter.

Le prévôt d'Orléans sachant qu'un inconnu a laissé un cheval dans une hôtellerie de cette ville, charge l'hôte de l'avertir lorsqu'on viendra quérir le cheval.

L'abbé de Mauroy ayant dit à l'abbé de Sept-Fons, qu'il a laissé un cheval de prix à Orléans, celui-ci le réclame. Le prévôt alors instruit de tout le mystère, se rend aussi-tôt à Sept-Fons, et demande, après avoir montré l'ordre du roi, qu'on lui remette le nouveau religieux. L'abbé de Sept-Fons mene le prévôt et ses archers dans la chambre de l'abbé de Mauroy, consterné de cette apparition. On lui fait prendre ses habits.

Le prévôt fait entrer l'abbé de Mauroy dans une chaise de poste attelée de deux chevaux. On le conduit avec une grande diligence à Paris, où il est mis dans la prison du grand châtelet. Tous les effets qu'il a remis au prévôt, dont celui-ci a dressé son procès-verbal, sont déposés au greffe de la géole.

L'abbé de Mauroy constitué prisonnier, est revendiqué par le promoteur de l'officialité.

Le juge criminel le renvoie dans la prison de cette jurisdiction, à la charge qu'il instruira avec l'official le procès, à cause du cas privilégié, qui est la banqueroute.

Pendant l'instruction, l'abbé de Mauroy a l'adresse de faire assembler ses créanciers : il leur fait cession et abandon de ses biens, et le contrat de cession est accepté par la pluralité, c'est-à-dire, par ceux des créanciers qui ont sur leurs têtes les trois quarts des créances.

Alors, il prétend que l'ordonnance ayant décidé que les résolutions et délibérations de la pluralité des créanciers auront force de loi, et seront homologuées pour être exécutées, il doit être élargi ; mais il n'est point écouté, par deux raisons. La première, parce que non-seulement il est accusé de banqueroute frauduleuse, mais de débauches, et d'avoir causé un scandale public. La seconde, parce que l'ordonnance veut que la partie publique, quoique les accusés aient transigé sur leurs crimes, continue de les poursuivre, lorsque leurs crimes sont sujets à des peines afflictives, tels que sont la banqueroute, et le scandale public qu'il a causé; ces deux crimes capitaux devant être réparés.

Le procès instruit, l'official rend sa sentence le 4 juillet 1692, par laquelle *il déclare Alexis de Mauroy, prêtre accusé, duement atteint et convaincu d'avoir fait des emprunts excessifs, injustes et de mauvaise foi à des joailliers et autres marchands pour de mauvais usages, et de s'être absenté furtivement de nuit, travesti en habit étranger, et non conforme à son état, chargé de dettes, et saisi d'effets; comme aussi d'avoir entretenu familiarité et commerce avec des personnes d'autre sexe, de s'être abandonné à une débauche à s.t denis, et d'avoir par le déréglement de sa vie causé un scandale public : pour réparation de quoi, ordonne que ledit de Mauroy sera conduit incessamment à la maison de saint-lazare sous bonne et sûre garde, pour y être enfermé dans les lieux de force pendant dix années, et le reste de sa vie garder la clôture en ladite maison de saint-lazare, pendant lequel temps de dix années il jeûnera tous les mercredis et vendredis de chaque semaine,* IN PANE DOLORIS ET AQUA

ANGUSTIÆ, *récitera tous les jours les sept pseaumes à genoux et tête nue, demeurera pour toujours déposé de ses saints ordres et incapable de posséder jamais aucun bénéfice séculier ou régulier; et au cas qu'il en possédât aucun, déclare ledit bénéfice vacant et impétrable. Condamne ledit accusé à une aumône de cent livres applicable à l'hôpital-général; et pour la discussion de ses biens et effets, renvoie par-devant le juge compétent : le condamne en outre à tous les dépens du procès.*

La sentence rendue contre lui au châtelet sur le fait de la banqueroute le 16 septembre suivant, *le déclare duement atteint et convaincu d'avoir emprunté de différens particuliers plusieurs sommes de deniers, et pris chez les marchands des étoffes d'or et d'argent pour des sommes très-considérables, montant à cent vingt mille deux cent neuf livres, suivant l'état écrit et dressé de sa main, qu'il a présenté à M. le lieutenant-civil lors de son interrogatoire du 12 août 1692, et les avoir toutes dissipées, et employées à des dépenses non convenables à une personne de son état : pour réparation de quoi et autres cas résultans du procès, le condamne par corps à payer lesdites sommes, et le bannit de la prévôté et vicomté de Paris pour neuf ans; le condamne aussi en cent livres d'amende envers le roi, trois cents livres de dommages-intérêts envers les parties civiles, et en tous les dépens du procès.*

Le procureur du roi se rend appellant *à minimâ*, et l'accusé appelle aussi.

Il s'attache au parlement à montrer qu'il n'a pas les caractères de banqueroutier frauduleux. 1.° En ce qu'il est constant qu'il n'a pas entrepris le voyage de Rome, sans l'avoir fait agréer à ses créanciers. 2.° En ce que l'écrit qui est au bas de l'état de ses dettes, laissé à la comtesse d'Usez sa sœur, avec sa procuration, est une véritable expression des sentimens de son cœur; et sa procuration, une preuve qu'il avoit le dessein de payer. 3.° En ce que, avant son départ, il a payé tous les termes échus, quelques-uns mêmes de ceux qui ne l'étoient pas, assurant ses créanciers qu'il seroit revenu avant l'échéance de ses dettes. 4.° En ce que, dans le temps de son départ, le sieur le Vacher, l'un de ses créanciers, lui a offert sur son billet des pierreries pour 20 mille livres, et qu'il a refusé cette offre. 5.° En ce que, s'il eût été capable de la noirceur de la fraude qu'on lui impute, il n'auroit tenu qu'à lui, sur la foi de son crédit, d'emprunter cinquante mille écus. 6.° En ce que, dans son voyage, il ne déguise point son état d'ecclésiastique, il ne céle point son nom, il prend les grands chemins, il loge dans les grandes hôtelleries; et en ce qu'apprenant que ses créanciers ont rendu une plainte contre lui, où ils le traitent de banqueroutier frauduleux, pénétré de cette injustice, il renonce à son voyage, et revient à Paris pour se justifier, et pour les appaiser.

Pour prouver encore plus son innocence, l'abbé de Mauroy rapporte l'abandonnement de tous ses biens qu'il a fait à ses créanciers, signé par plusieurs d'entr'eux, dont l'homologation, qui anéantit la procédure criminelle, ne peut, dit-il, être refusée

Il finit, en disant qu'il gémit devant Dieu de ses dissipations; mais il soutient qu'il n'est pas pour cela banqueroutier frauduleux, parce qu'il peut satisfaire à ses créanciers par ses dettes actives, et que, quand il a emprunté, il avoit des espérances de fortune assez solides, pour pouvoir se flatter qu'il pourroit aisément payer ses dettes. Il demande ensuite la permission de pouvoir rentrer dans le monastère de Sept-Fons pour le reste de ses jours.

L'arrêt définitif, le *condamne à être mené, et conduit ès galères du roi, pour en icelles être détenu à servir ledit seigneur roi comme forçat, le temps et espace de neuf ans, et à payer les sommes par lui dues à ses créanciers, suivant l'état écrit et signé de sa main, qu'il a présenté lors de son interrogatoire du* 12 *août* 1692; *en* 300 *livres de dommages-intérêts vers les sieurs Varennes frères, et en tous les dépens du procès, qui seront payés par préférence sur les deniers comptans qui sont entre les mains du commissaire de la Salle, et autres biens et effets dudit de Mauroy : permis à ses créanciers de le faire emprisonner, après ledit temps de neuf années de galères expiré, jusqu'à l'actuel paiement de leur dû.*

Cet arrêt est du 27 janvier 1698.

L'abbé de Mauroy au comble de l'infamie, ne subit pas la destinée cruelle de son arrêt : le roi, par la plénitude de sa puissance, commue sa peine pour le reste de ses jours dans la pénitence qu'il a déjà embrassée à Sept-Fons.

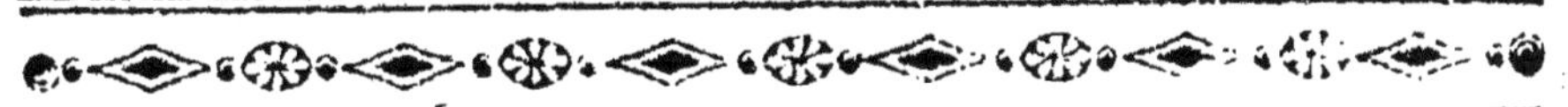

HISTOIRE

De la Marquise de Gange.

MADEMOISELLE de Châteaublanc, fille unique du sieur de Rossan d'Avignon, est douée d'une rare beauté, et quoique sa naissance ne soit pas distinguée, l'opulence de son aïeul maternel, dont elle doit recueillir la succession qui va à près de 500 mille livres, la met de niveau avec des partis de qualité.

Son père étant mort, elle épouse en 1649, à l'âge de 13 ans, le marquis de Castellane, petit-fils du duc de Villars, et, en secondes noces en 1658, le sieur de Lanide marquis de Gange, jeune homme de 20 ans, d'une maison distinguée, baron du Languedoc, gouverneur de saint-andré, et assez bien assorti des biens de la fortune.

La dissimulation, qui jette un voile sur les défauts du mari, répand de la douceur sur les premiers jours du mariage de l'épouse qui est honnête et vertueuse ; cependant à ces beaux jours, où deux époux se suffisent l'un à l'autre, et ne se voient jamais assez, succèdent des jours où l'ennui se fait sentir, qui amene le dégoût si on ne le prévient. C'est ce qui oblige le marquis à cesser d'être si assidu auprès de sa femme : il se répand dans le monde.

La marquise suit cet exemple pour se dissiper. Cependant cette conduite innocente est empoisonnée par des amis du mari, qui lui inspirent de la jalousie.

L'abbé et le chevalier de Gange viennent demeurer avec le marquis leur frère. L'abbé lui insinue qu'il lui est dévoué, et qu'il est propre à soutenir par ses conseils l'éclat de sa maison ; il lui donne une grande idée de l'art qu'il a de régir les biens, d'en employer utilement les revenus ; en un mot, il laisse le nom de maître au marquis, et en attire à soi toute l'autorité.

Dès qu'il voit la marquise, il sent les premières impressions de l'amour, auxquelles il se livre comme un homme qui ne veut point gêner ses passions. Il compte que l'autoriré dont il s'est emparé, le conduira à son but ; en conséquence il songe sérieusement à plaire à la marquise, de la vertu de laquelle il parle si avantageusement au marquis, qu'il calme sa jalousie, et lui donne un esprit et un cœur prévenu d'estime et de tendresse pour elle.

L'abbé, ne voulant pas que la marquise ignore à qui elle a obligation de ce changement, lui en fait la confidence, et prend toutes les formes qui peuvent plaire. Il lui ouvre son cœur, lui déclare la passion qu'elle lui a inspirée ; celle-ci prend avec lui un air froid et piquant, comme si elle ne l'avoit pas jugé digne de sa colère.

L'abbé, piqué jusqu'au vif, se doute avec raison que le chevalier son frère est aussi sensible que lui aux charmes de la marquise. Il les épie. Il dit au chevalier de voir s'il pourra lui faire agréer sa passion, et que s'il ne le peut pas, il verra lui-même s'il sera plus heureux.

Le chevalier, débarrassé d'un pareil rival, rend des soins à la marquise, qui affecte de n'y point prendre garde: au bout d'un temps fort long, il n'en est pas plus avancé. N'espérant point que son amour puisse toucher le cœur de sa belle-sœur, il résout de vaincre sa passion ; il en parle à l'abbé qui l'entretient dans cette résolution ; il passe à des sentimens d'aversion

version pour la marquise, et est très-disposé à figurer parmi ses ennemis. L'abbé alors revient sur les rangs, et comme il n'a pu se faire aimer en cimentant le bonheur de la marquise, il croit qu'il faut changer de conduite, et jeter dans l'esprit du marquis de l'ombrage sur la sagesse de son épouse; il renverse tellement l'esprit du mari, que l'homme raisonnable fait place à l'homme emporté; il vient jusqu'à la quereller, l'outrager, sans la vouloir écouter. L'abbé l'entretient dans cette mauvaise humeur, qui empire tous les jours; en un mot, il s'oublie jusqu'à maltraiter la marquise.

L'abbé, après avoir excité cette tempête, veut éprouver s'il ne pourra pas espérer de réduire la marquise; mais elle lui tourne le dos, en le payant du mépris le plus piquant.

L'aïeul maternel de la marquise étant décédé, lui laisse des biens considérables. Ces biens sont cause que le marquis ne peut pas aller aussi souvent à Gange qu'à l'ordinaire. Gange est éloigné de sept lieues de Montpellier, et de 19 lieues d'Avignon; il a coutume d'y emmener avec lui la marquise, qui craint mortellement ce séjour.

C'est alors qu'elle mange d'une crême où l'on a mis de l'arsenic, mais dans une si petite quantité, que dans un aliment qui lui sert d'antidote, elle n'en est pas incommodée beaucoup.

La succession de l'aïeul maternel de la marquise lui donne du relief, le marquis la considére, l'abbé a des égards pour elle, et conseille au marquis d'en avoir; à l'égard du chevalier, il est l'écho de l'abbé. Néanmoins toutes ces considérations ne donnent point le change à la marquise: elle ne change point de conduite à leur égard.

On propose d'aller à Gange passer l'automne: la marquise, qui, par un pressentiment secret dont elle ne sait pas la cause, craint le séjour de ce château, forme la résolution de faire son testament avant son départ. Elle exécute son dessein, elle institue sa mère son héritière, à la charge d'appeller à la succession à son choix, ou le fils de la testatrice âgé de six ans, ou la fille âgée de cinq.

Quoique ce testament soit secret, elle fait une déclaration authentique en présence des magistrats d'Avignon, et de plusieurs personnes de qualité, où elle dit, qu'au cas qu'elle vienne à mourir, et qu'elle fasse un testament postérieur à celui qu'elle a fait, elle le désavoue formellement; elle veut qu'on s'en tienne à celui-là; ce qu'elle exprime dans les termes de la stipulation les plus forts et les plus énergiques.

Elle distribue encore avant son départ à divers religieux, une vingtaine de pistoles, afin qu'ils disent des messes pour qu'elle ne meure pas sans les sacremens de l'église.

Lorsqu'elle dit adieu à ses amis et amies, elle leur parle avec tant de tendresse, jusqu'à verser des larmes, qu'on auroit jugé que c'étoit un dernier adieu. Tout le monde est attendri, et ceux qui tiennent à elle par les liens du sang ou de l'amitié, envisagent cette séparation comme ayant un air funeste.

La marquise arrivée à Gange, est reçue de madame de Gange sa belle-mère avec de grandes démonstrations d'amitié : madame de Gange demeure ordinairement à Montpellier, elle est venue voir son fils; c'est une dame d'un mérite rare. Le marquis de Gange, l'abbé et le chevalier, contribuent tous à l'envi à lui faire une agréable réception. Ce ne sont plus les mêmes personnes, ils se sont transformés dans l'amitié, dans la politesse même. L'abbé et le chevalier ne se présentent plus sous la forme de gens amoureux, mais ils paroissent avec l'air que la civilité et la considération leur prêtent ; ce rôle, qu'ils jouent tous, est un rôle feint qui impose pourtant à la marquise, dont la bouche parle toujours le langage du cœur. Madame sa belle-mère s'en retourne à Montpellier, et le marquis part pour Avignon où ses affaires l'appellent. Voilà la marquise seule avec ses beaux-frères, qui continuent de se composer avec beaucoup d'art.

La marquise se laisse gagner par toutes les avances d'honnêtetés de ces deux personnages, et croit enfin que la sincérité en est le fond. Quand ils voient que leurs manières insinuantes ont réussi, l'abbé alors fait adroitement venir la conversation sur le testament qu'a fait la marquise ; il lui fait entendre que tant qu'il subsistera, l'union qui est entr'elle et son mari, ne sera jamais bien cimentée ; que, dans le dessein où il est de vivre parfaitement bien avec elle, il faut lever cet obstacle qui traverse leur bonheur ; et que, quand elle aura fait ce sacrifice, elle verra que son mari, ses parens, conspireront tous pour lui plaire, que les plaisirs régneront parmi eux sans aucun mélange d'amertume ; et qu'elle régnera sur tous les cœurs de la famille avec un empire absolu. La marquise de Gange, dont le caractère dominant est la bonté, révoque son testament, et en fait un autre en faveur de son mari.

La marquise témoigne qu'elle veut se purger le 17 du mois de mai dans l'année 1667. Le médecin du lieu lui compose une médecine pour ce jour-là : lorsqu'on la lui apporte, le breuvage lui paroît si noir, si épais, qu'elle a de la répugnance à le prendre ; elle aime mieux se purger avec des pilules usuelles qu'elle a dans sa cassette.

L'abbé et le chevalier, ayant manqué leur coup, forment la barbare résolution de consommer leur crime à quelque prix que ce soit.

La marquise, qui a resté au lit, invite des dames du lieu à venir lui tenir compagnie après le dîner ; elles se rendent auprès d'elle.

L'air contraint de l'abbé et du chevalier, n'échappe point à la compagnie, qui remarque qu'ils ont quelque chose d'extraordinaire. On sert pour les dames une collation, dont la marquise fait les honneurs ; l'abbé et le chevalier n'y touchent point. Enfin, les dames se retirent, l'abbé les va accompagner jusqu'à la porte : le chevalier reste seul avec la marquise, plongé dans une profonde rêverie, dont elle ne peut point deviner le sujet. Elle travaille à s'éclaircir, mais l'énigme se dévoile bientôt à ses yeux.

Elle voit rentrer l'abbé dans sa chambre, tenant d'une main un pistolet, et de l'autre un verre plein d'une liqueur noire, trouble et épaisse, la fureur dans les yeux, la physionomie entièrement changée, tous ses traits altérés par la passion qui l'agite. Il ferme la porte après lui, et quand il est proche du lit de la marquise, il s'arrête quelque temps en lançant sur elle des regards terribles.

Le chevalier, dont l'expression de fureur répandue sur son visage est également effroyable, met en même-temps l'épée à la main.

Enfin, l'abbé ouvre la bouche et prononce ces terribles paroles, sans beaucoup élever la voix, mais d'un ton ferme et assuré : *madame*, dit-il, en s'adressant à la marquise, *il faut mourir; choisissez, le feu, le fer, ou le poison. Moi, mourir,* s'écrie la marquise ! *de quel grand crime suis-je donc coupable ? C'est vous qui ordonnez ma mort, et c'est vous qui l'exécutez ! Ai-je mérité une haine aussi violente que celle que vous poussez à une si grande cruauté ?* Comme elle voit que tout accès à la pitié lui est fermé dans le cœur de l'abbé, elle croit que les sources de la compassion ne seront pas taries dans l'âme du chevalier ; mais, loin de l'amollir, elle n'apperçoit rien que de funeste dans son visage. Elle voit dans ce miroir de son âme, que sa perte est jurée ; pour ne lui pas laisser la moindre espérance, le chevalier lui dit du même ton qu'a pris l'abbé : *C'en est fait ; madame, prenez votre parti : si vous ne le prenez pas, nous le prenons sur-le-champ pour vous.*

Alors, la marquise, en conservant toute sa raison, les regardant avec indignation, et levant les yeux comme pour prendre le ciel à témoin de cette horrible perfidie, tend la main au verre de poison que lui remet l'abbé, tandis qu'il lui tient le pistolet sur la gorge, et que le chevalier lui présente la pointe de l'épée contre l'estomac. Elle avale le poison, le front détrempé de sueur, et elle en verse par les extrémités du verre dans son sein quelques gouttes, dont les impressions violentes lui noircissent la peau par leur corrosion ; elle a les mêmes taches sur les lèvres.

Le chevalier s'appercevant qu'elle laisse au fond du verre le plus épais de ce breuvage, composé d'arsenic et de sublimé détrempé dans de l'eau-forte, rassemble ce reste avec un petit poinçon d'argent, et le mettant au bord du verre, il le redonne à la marquise; *allons, madame*, lui dit-il, *il faut gober le goupillon*. La marquise prend ce reste; mais sans l'avaler, elle le retient dans sa bouche; elle se laisse aller sur son chevet, et poussant un cri, elle rend ce morceau dans ses draps, et dit à ces barbares: *au nom de Dieu, puisque vous voilà satisfaits en me ravissant la vie, ne poussez pas votre barbarie jusqu'à vouloir perdre mon âme; envoyez-moi un confesseur, afin que je meure en chrétienne, et non en désespérée.*

Ils se retirent alors, et ayant fermé la porte sur eux, ils vont avertir le vicaire du lieu, qui est domestique de la maison depuis 25 ans, d'aller auprès de la marquise, et de la voir mourir.

La marquise garde toute la liberté de son esprit. A peine est-elle seule, qu'elle tente de s'évader. Elle s'affuble seulement, étant en chemise, d'une jupe de taffetas, et gagnant la fenêtre qui regarde sur la basse-cour du château, elle se jette par là, de la hauteur de 22 pieds.

Le prêtre arrive alors. Elle prenoit fort mal ses mesures, et elle seroit tombée la tête la première, et se la seroit écrasée entièrement, lorsque le prêtre, la retenant par le bout de sa jupe, lui fait si bien dresser son corps, qu'elle tombe droite sur ses pieds nuds dans un terrein dur, scabreux, semé de pierres, où elle ne se fait d'autre mal que de s'égratigner les pieds. Le poids de son corps qui a pris la secousse, déchire la jupe dont le prêtre tient le bout, et lui en laisse un lambeau entre les mains.

Le prêtre, dévoué à l'abbé et au chevalier, fait alors tomber une grosse cruche remplie d'eau qui est sur l'autre fenêtre, joignant celle par où la marquise a passé: il l'assommoit, si la cruche lui eût tombé sur la tête; mais elle tombe à deux doigts auprès d'elle.

Dès qu'elle se voit à terre, elle met promptement le bout de la tresse de ses cheveux fort avant dans le gosier; elle se provoque par-là à vomir; elle y réussit sans peine, parce qu'elle a beaucoup mangé.

Un sanglier familier fait un essai qui lui coûte la vie, en avalant ce qu'elle a rejeté.

Après qu'elle s'est ainsi soulagée, elle

veut essayer de s'évader. Elle trouve la basse-cour fermée de tous côtés, elle s'en va au quartier des écuries, dont elle se flatte qu'elle pourra sortir ; mais elle les trouve aussi fermées. Heureusement, elle apperçoit un palefrenier : *mon ami*, lui dit-elle, *sauve-moi la vie*, *je suis empoisonnée ; ouvre-moi tes écuries*, *afin que j'aille chercher du secours.* Ce palefrenier attendri, la prend entre ses bras ; la fait passer par ses écuries, et la met entre les mains de quelques femmes qu'il rencontre dans le chemin.

Cependant, le prêtre est allé avertir l'abbé et le chevalier de sa fuite ; ils ne veulent pas laisser leur ouvrage imparfait ; tandis qu'elle court çà et là pour chercher un abri contre ses bourreaux, ils la suivent en criant qu'elle est folle, qu'elle est sujette à des vapeurs de matrice. La populace, qui la voit troublée, les cheveux épars, les pieds nuds, et presque en chemise, est portée à croire qu'elle a un accès de folie.

Enfin, le chevalier l'atteint auprès de la maison du sieur des Prats, distante du château d'environ 300 pas : il la fait entrer par force, en s'y enfermant avec elle, et l'abbé se met sur le seuil de la porte tenant un pistolet à la main :

il dit qu'il tuera le premier qui approchera, et qu'il ne veut pas que sa belle-sœur dans sa folie, se donne en spectacle à tout le monde. Son véritable dessein est d'empêcher qu'on ne la secoure, afin de laisser au poison le temps de faire son effet.

Le sieur des Prats est absent; mais sa femme qui est chez elle, a une compagnie de plusieurs demoiselles. La demoiselle Brunel, femme du ministre du lieu, remet adroitement à la marquise une grande boîte d'orviétan, dont elle prend des morceaux, tandis que le chevalier qui se promene en la gardant, lui tourne le dos. Une de ces demoiselles lui donne un grand verre d'eau, qu'elle va avaler avec avidité pour soulager le feu que le poison et l'orviétan ont allumé dans son corps; mais le chevalier, toujours ferme dans son inhumanité, s'oppose à ce soulagement, en cassant le verre entre les dents de la marquise.

Celle-ci conçoit alors le dessein de fléchir le chevalier; et elle prie ces demoiselles de la laisser en liberté avec lui, afin qu'elle puisse agir plus efficacement. Les demoiselles passent dans la chambre voisine, mais la marquise trouve dans le chevalier un homme inflexible, et ne fait qu'irriter sa cruauté. Il prend son épée qui est fort courte, il s'en sert comme d'un poignard. Il en donne deux coups dans le sein de la marquise. Elle crie alors au secours en fuyant et gagnant la porte; il lui donne encore par derrière cinq coups de son épée, et l'ayant rompue, il lui en laisse le tronçon dans l'épaule.

Le chevalier, après tous ces excès, va trouver l'abbé qui garde encore la porte, et lui dit: *retirons-nous, abbé; l'affaire est faite.* Toutes les demoiselles rentrent en foule dans la chambre, elles sont consternées en voyant la marquise étendue sur le carreau, nageant dans son sang. Elle a une respiration pressée, qui leur fait juger qu'elle est agonisante, elles sont désespérées de n'avoir pas prévenu ce malheur. Cependant, elles s'apperçoivent qu'elle peut encore être secourue; elles demandent par la fenêtre qu'on appelle un chirurgien.

A ce bruit, l'abbé jugeant que la marquise peut encore revenir, vient pour lui porter le dernier coup. Il approche d'elle dans de violens transports de fureur, il lui appuie son pistolet sur la poitrine: le coup non-seulement fait un faux feu, mais la demoiselle Brunel le détourne en saisissant le bras de l'abbé, qui, se voyant traversé dans son dessein, donne un grand coup de poing à cette demoiselle à la tête, et jouant de son pistolet comme d'une massue, il va assommer la marquise; mais toutes ces demoiselles fondent sur lui comme des lionnes, en l'accablant de coups, et le conduisent de la sorte jusqu'à la rue.

Elles viennent ensuite secourir la marquise: une d'entr'elles, qui est experte dans la chirurgie, étanche le sang des plaies, après avoir ôté le tronçon de l'épée, encouragée par la marquise, qui lui dit, pour avoir plus de force, d'appuyer son genou contre l'épaule blessée. On met le premier appareil à ses plaies, qu'on ne juge pas mortelles. L'abbé et le chevalier profitent des ténèbres de la nuit pour s'évader. Ils ne pensent plus qu'à se dérober au supplice qu'ils méritent.

Les consuls de Gange viennent avec main-forte offrir leurs services à la marquise, elle les accepte; ils posent une garde autour de la maison du sieur des Prats.

Bientôt cet horrible assassinat se répand par-tout. Le baron du Tressan, grand-prévôt, se met aux trousses des assassins;

mais ses recherches sont inutiles. On envoie chercher des médecins et des chirurgiens à Montpellier, la marquise a tous les secours nécessaires.

Le marquis de Gange, qu'on a lieu de juger qu'il a tramé avec ses frères la perte de la marquise, est à Avignon lorsqu'il apprend l'assassinat de sa femme. Il témoigne une extrême horreur de l'action, et éclate contre ses frères en imprécations. Il jure qu'ils n'auront point d'autre bourreau que lui. Il joue le rôle qu'il doit jouer.

On remarque qu'il différe son départ pour Gange jusqu'au lendemain après le dîner. Il voit quelques-uns de ses amis à Avignon, il ne leur parle point de ce funeste accident. Il arrive à Gange, il demande à voir sa femme. Il en est reçu avec toutes les démonstrations de tendresse que peut attendre le meilleur de tous les maris ; elle lui fait seulement quelques reproches sûr ce qu'il semble l'avoir abandonnée.

Il ose se prévaloir de cet excès de tendresse de la marquise, pour lui demander qu'elle révoque la déclaration qui confirme son testament d'Avignon ; parce que le vice-légat a refusé d'enregistrer à la requête du marquis, le testament qu'elle a fait à Gange. Mais elle répond avec fermeté qu'elle ne veut point toucher à son testament d'Avignon; ce qui réveille des soupçons qui ne sont déjà que trop véhémens contre lui.

Rien n'est plus édifiant que les sentimens que la marquise témoigne pour ses assassins; elle déclare qu'elle leur pardonne de tout son cœur, et qu'elle immole sa vengeance à la religion.

Elle veut d'abord se munir des sacremens de l'église; mais quel est son étonnement, lorsque le même prêtre que ses assassins lui ont envoyé pour l'assister à la mort, se présente à elle avec le viatique à la main! Dans le temps que son amour et son profond respect pour son Dieu s'excitent, la défiance et la crainte de son ministre occupent son âme; elle demande qu'il partage l'hostie avec elle, de peur que sous le voile de cet adorable mystère, on ne cache un poison mortel. Pour la satisfaire, le prêtre se communie avec la moitié de l'hostie qu'il lui donne.

Elle s'occupe à inspirer à son fils des sentimens de piété et de religion. Elle combat de toutes ses forces les sentimens de vengeance qui s'élévent dans le cœur de cet enfant, et lui enseigne là-dessus la morale épurée de l'évangile.

Le parlement de Toulouse nomme M. de Catelan, conseiller de ce parlement, commissaire, pour se transporter à Gange, et interroger la marquise. Il n'oublie rien pour éclaircir parfaitement sa religion sur le crime horrible, dont la justice demande la vengeance.

Le mal de la marquise redouble, elle passe la nuit dans de cruelles douleurs. Le lendemain 5 juin, sur les quatre heures du soir, elle expire.

Incontinent après cette mort, M. de Catelan ayant décrété le marquis de Gange de prise de corps, on l'arrête dans son château. On met le scellé chez lui, on le conduit dans la prison de Montpellier, où il arrive la nuit.

La dame de Rossan se met en possession de tous les biens de sa fille. Elle déclare qu'elle va poursuivre le marquis avec la dernière vivacité, jusqu'à ce que la mort de sa fille soit vengée.

M. de Catelan interroge deux fois le marquis; on le conduit dans la prison du parlement de Toulouse; le procès s'instruit avec beaucoup d'attention et d'exactitude.

La dame de Rossan publie un mémoire contre le marquis de Gange, où elle prétend montrer qu'il est l'âme de cet assassinat

nat, et que c'est lui qui a guidé les bras de ses frères, et a conduit les coups qu'ils ont portés à la marquise.

Afin de découvrir le crime, au défaut de preuves littérales et testimoniales, elle dit que la loi admet des présomptions, dont il y en a de si fortes, qu'elles vont à la certitude, qu'elles tiennent même dans les crimes lieu de preuves, et que le législateur dit ailleurs, *qu'il met dans un même rang les témoins irréprochables, les actes évidens, et les indices indubitables.*

Elle dit, 1.° qu'il est certain que l'abbé et le chevalier de Gange n'ont attenté à la vie de la marquise, que pour assurer au marquis la succession où il a été appellé par le dernier testament qu'elle a fait. 2.° Qu'avant que la marquise ait fait le testament où elle nomme sa mère héritière, on a tenté de l'empoisonner avec de l'arsenic dans une crême qu'on a servie dans une collation. 3.° Qu'il avoit pour la marquise les sentimens d'une haine féroce. 4.° Que les liens d'amitié qui l'unissoient avec ses frères, prouvent encore qu'ils ont agi de concert; et que Perrette le prêtre, qui étoit visiblement d'intelligence avec les assassins, a été précepteur du marquis, et avoit sa confiance. 5.° Que l'intelligence de Perrette avec les assassins est bien prouvée; puisque la marquise ayan été empoisonnée, et s'étant jettée par la fenêtre pour s'évader, il a jetté, dans le dessein de l'atteindre, une cruche de terre qui l'auroit assommée, si elle lui fût tombée sur la tête. 6.° Que c'est à Gange que cet assassinat a été commis parce que c'est dans cet endroit que le marquis a un pouvoir absolu, et qu'il est le maître, par lui ou par ses émissaires, de commettre les plus grands crimes, sans qu'on les en empêche. 7.° Que dès que le crime a été commis, qui est le 17 mai 1667, le valet de l'abbé de Gange s'est rendu à Avignon, et a usé d'une si grande diligence, qu'il a fait le voyage dans une nuit. 8.° Enfin, que le marquis n'a fait aucune poursuite en justice contre les assassins.

La dame de Rossan dit ensuite, que le marquis n'est point parti le même jour qu'il a été informé de cet assassinat, pour voler au secours de son épouse, et ne pas donner le temps aux meurtriers de s'évader; que le même jour qu'il apprend le matin cette horrible action, il n'en parle point à ses amis: arrivé à Gange, elle dit qu'il joue la comédie auprès de sa femme, et qu'il s'avise de lui demander la révocation de l'acte qu'elle n fait à Avignon ; elle finit, en disant que le marquis a bu et mangé pendant quatre jours avec Perrette prêtre, et qu'il a dit dans son interrogatoire que ce prêtre étoit notoirement complice de l'assassinat.

Le marquis de Gange répond par une requête succinte, où il dit que son innocence accablée et confondue n'a pas la force de se défendre ; qu'on ne lui oppose que des indices et des calomnies ; que les indices ne doivent être envisagés que comme des possibilités sur lesquelles on ne peut condamner un accusé, mais plutôt présumer l'innocence que le crime ; que le grand nombre des conjectures ne s'entre-prêtent aucune force ni aucune lumière ; et que plusieurs faits obscurs et incertains ne peuvent jamais éclairer. A l'égard des calomnies, il dit qu'on n'apporte de ces faits aucune preuve, et qu'on n'en peut point apporter, parce qu'ils sont très-contraires à la vérité.

Le cri public s'éléve hautement contre le marquis : cependant son factum, quelque court qu'il soit, fournit une grande matière de réflexion aux juges persuadés intérieurement qu'il est coupable ; mais comme ils ne croient pas voir dans les preuves le degré nécessaire pour le convaincre entièrement, n'osant pas le condamner à une peine capitale, ils prononcent *que l'abbé et le chevalier de Gange, pour les cas résultans du procès, sont condamnés à être rompus vifs; le marquis de Gange leur frère à un bannissement perpétuel, dégradé de noblesse, ses biens confisqués au roi; et le prêtre Perrette, après avoir été dégradé par la puissance ecclésiastique, condamné aux galères perpétuelles.*

Cet arrêt est du 21 août 1667.

HISTOIRE

Du procès entre le sieur Saurin de l'Académie des Sciences, et le sieur Rousseau de l'Académie des Belles-Lettres.

LE sieur Rousseau, en 1702, donne au public la comédie du *Capricieux*: il fréquente alors le café de la veuve Laurent ; il y est lié avec le sieur Saurin, et tous ceux qui y viennent.

La comédie du sieur Rousseau est sifflée *in petto*. Au sieur Saurin près, ses amis du café ne sont pas du nombre des approbateurs. Le sieur Rousseau, piqué de n'avoir pu plaire à tout le monde, songe à se venger de la critique de ses amis.

Quelque temps après la nouveauté de l'opéra d'Hésione, il vient au café, et dit au sieur Houdart de la Motte, célèbre académicien, croyant n'être entendu d'aucun autre, le couplet contre les sieurs Colasse, Campra, Berin, et Pecour. Il prie le sieur de la Motte de le répandre, et de l'attribuer à l'abbé Pic, contre qui le sieur Rousseau a déjà fait une satyre sous le titre de la *Picade*. Le sieur de la Motte lui déclare, que tout ce qu'il peut faire, est de ne le pas nommer lui-même; et récitant le couplet après que le sieur Rousseau est sorti, le sieur de Maunoir, qui est présent, dit, qu'il ne lui en demande point l'auteur, que Rousseau le lui a dit trop haut, et qu'il l'a mis du secret avec lui sans le vouloir.

Le sieur Rousseau prévient par des embrassemens le sieur Pecourt dans le cul-de-sac de l'opéra, en lui disant qu'il paroît dans le monde une chanson contre lui, que des gens malins lui attribuent; mais qu'il lui a trop d'obligation, pour qu'il ne le croie pas, ni assez ingrat, ni assez fou, pour lui avoir joué un pareil tour.

Peu de jours après l'aventure de ce couplet, on en jette cinq ou six autres sous les tables du café. Comme ils n'attaquent que le ridicule, tout le monde en rit, hors les intéressés, qui sont tous persuadés que le sieur Rousseau en est l'auteur, eu égard aux circonstances dont les couplets parlent : circonstances singulières, qu'ils disent n'avoir dites qu'à lui.

Le sieur Rousseau vient au café le lendemain : à sa présence les murmures s'élèvent ; il n'entend autour de lui que menaces et qu'injures.

On jette bientôt dans le café de nouveaux couplets plus aigres que les premiers, où plusieurs autres personnes sont offensées.

Le trouble croît, le sieur Rousseau ne vient plus au café. Il y vient pourtant extraordinairement un matin, pour se plaindre de l'opinion injurieuse qu'on a de lui. Le sieur Saurin lui dit alors, qu'il ne doit pas trouver si étrange qu'il tombe quelque soupçon sur lui ; que l'auteur des couplets marque beaucoup d'esprit, et beaucoup de malice ; qu'on ne le soupçonne que par le talent, et que sur le mauvais cœur on s'arrête. Le sieur Rousseau lâche quelques injures contre ceux qui le soupçonnent par le premier endroit. Le sieur Saurin lui avoue, qu'il est lui-même un de ceux-là : le sieur Rousseau s'aigrit contre lui ; alors, on les appaise. Mais, la dame Laurent prie le sieur Rousseau de ne plus revenir à son café.

Depuis la défense de la dame Laurent, le sieur Rousseau ne revient plus chez elle, et l'on ne jette plus de couplets sous les tables ; mais on en adresse à la dame

Laurent par la poste de Versailles, où le sieur Rousseau est employé. Celui-ci, à peu-près dans le même temps, prend le parti de s'aller justifier chez les personnes les plus offensées, ainsi qu'il l'a déjà entrepris auprès du sieur Pecourt; mais ses protestations n'ont aucun effet.

Le même jour de ces protestations, on jette sous la porte de la pension où loge le sieur de la Motte, un paquet cacheté, où il se trouve douze couplets contre ceux qui doivent s'assembler le soir chez le sieur de Villiers.

Le sieur de la Motte apporte les nouveaux couplets à la compagnie : les soupçons qu'elle a toujours sur le sieur Rousseau paroissent une évidence parfaite.

Enfin, les couplets toujours jettés dans le café tant que le sieur Rousseau y vient; adressés par la poste, ou jettés sous les portes, dès qu'il cesse d'y venir, parviennent jusqu'à un nombre considérable : ils sont la plupart déposés chez le commissaire.

Le sieur de la Faye l'aîné, capitaine aux gardes, qui est, dit-on, l'un des offensés, n'est pas le maître de son ressentiment. On lui attribue l'orage qui tombe sur le dos du sieur Rousseau quelque temps après.

Il ne s'en tient pas là : il se plaint par-devant le commissaire Bizoton ; il fait faire contre le sieur Rousseau une information. Cet accusé, qui est décrété de prise de corps, appelle au parlement du décret et de l'information : il rend aussi une plainte, pour avoir raison de l'outrage qu'il a essuyé, et fait informer.

Dans le cours de ce procès, les parties transigent ; le sieur de la Faye donne son désistement, et on convient qu'il laissera obtenir au sieur Rousseau un arrêt pour sa décharge. Il l'obtient en effet par défaut, le 24 mai 1710, *et pour le profit, l'appellation, et ce dont est appel, est mis au néant; émandant, on évoque le principal, en y faisant droit, on renvoie le sieur Rousseau de l'accusation contre lui intentée par le sieur de la Faye défaillant ; et néanmoins tous dépens compensés.*

Pour effacer les impressions que le sieur Rousseau fait naître dans les esprits, il croit qu'il faut fixer les regards du public sur quelqu'un, en l'accusant d'être l'auteur des chansons satyriques. Il rend sa plainte, où il les met sur le compte du sieur Saurin : il obtient permission d'informer : il fait entendre quatre témoins qu'il endoctrine.

Le premier de ces témoins, est un jeune garçon savetier, qui travaille vis-à-vis des fenêtres du sieur Saurin, et qui fait ses commissions. Le second, est un exempt nommé Milet, demeurant à quelques pas de là, dévoué au sieur Rousseau, lequel exempt est employé principalement à la découverte des lieux suspects. Le troisième, est Marie Bideau, d'une vertu peu délicate, se disant femme de Fleury, valet d'Archer, c'est-à-dire, d'un homme dont le rang est immédiatement au-dessous de rien ; tous deux dans les liens de la justice, pour vol avec effraction. Le quatrième, est un nommé Limosin, huissier interdit, qui est la mouche et aux gages de Milet, c'est-à-dire, un lévrier attaché à suivre à la piste les hommes dont on veut savoir les démarches.

Voilà les quatre témoins que le sieur Rousseau choisit pour composer l'information. Par un stratagême de palais, pour prévenir et rendre inutile l'aveu qui pourroit échapper au jeune savetier touchant sa subornation, il l'accuse comme complice de la diffamation, et en vertu d'un décret de prise de corps qu'il obtient, il le fait conduire fort sécretement au fort-l'évêque, et le lendemain il fait décreter et emprisonner au grand châtelet le sieur Saurin, qui est enlevé avec éclat dans son cabinet, et l'on met le scellé sur ses papiers.

A peine le sieur Saurin est-il entré dans la prison, que le lieutenant-criminel vient l'interroger. On ne met presque point d'intervalle entre l'interrogatoire, le récolement, et la confrontation : toute cette procédure se fait avec une rapidité capable de faire trembler l'homme le plus innocent et le plus aguerri. Le sieur Rousseau se déclare hautement partie. Il accuse de complicité le sieur Boindin avocat, et Charlotte Mailly, servante du sieur Saurin.

Le sieur Rousseau met en œuvre les sollicitations les plus puissantes, il fait agir les dames les plus accréditées ; il parle avec force dans les meilleures compagnies, et fait du sieur Saurin le portrait le plus odieux. La prévention gagne d'abord à la cour les esprits et les cœurs ; mais, peu de temps après, l'innocence du sieur Saurin se fait jour, et pénétre les juges de sa lumière. Il demande qu'il lui soit permis d'informer de la subornation des témoins, et par sentence du 12 décembre 1710, rendue conformément aux conclusions du procureur du roi, le lieutenant-criminel *décharge le sieur Saurin des plaintes, demandes et accusations contre lui faites à la requête du sieur Rousseau. Ordonne que l'écrou fait de la personne dudit Saurin sera rayé et biffé, et condamne ledit Rousseau en quatre mille livres de dommages-intérêts envers ledit Saurin, et aux dépens du procès. A l'égard dudit Guillaume Arnould (savetier) met les parties hors de cour, dépens à cet égard compensés : décharge pareillement le sieur Boindin, et Charlotte Mailly, des plaintes, demandes et accusations contr'eux intentées à la requête dudit Rousseau, avec dépens pour tous dommages et intérêts : faisant droit sur la requête dudit Saurin du six du mois de décembre, lui permet d'informer de ladite subornation; cependant, ordonne que ledit Guillaume Arnould sera arrêté, et recommandé ès prisons.*

Le sieur Rousseau se rend appellant de cette sentence. Le premier soin du sieur Saurin est de poursuivre son accusation en subornation de témoins : il demande, que, par-devant le conseiller rapporteur, l'information soit faite.

Ils répandent dans le public leurs mémoires ; dans le sien, le sieur Rousseau y parle avec toute la confiance d'un homme qui croit persuader ses juges en sa faveur ; mais, le combat de leur éloquence y paroît fort inégal : la bonne cause y donne un si grand avantage à l'innocent, que le coupable, malgré la vivacité de son imagination et la beauté de son génie y paroît du premier choc humilié et confondu.

M. le procureur-général présente au parlement requête le 7 janvier 1711, où il expose que » le sieur de la Faye ayant » fait informer au châtelet de Paris, et » obtenu décret de prise de corps contre » Jean-Baptiste Rousseau, à cause des » vers diffamatoires que celui-ci a répan- » dus dans le public; cependant l'accusa- » teur a transigé avec l'accusé, qui a ob- » tenu le 24 mai 1710, un arrêt par » défaut, par lequel il a été déchargé de » l'accusation, dépens compensés, sans » que le récit des informations ait été » fait à la cour. Qu'un tel arrêt ne peut » le décharger valablement par rapport » au procureur-général du roi. Qu'il a » d'ailleurs été averti, que Rousseau a » composé et produit dans le public » plusieurs autres libelles diffamatoires de » la même qualité: et qu'étant important, » qu'un crime, qui est de si grande con- » séquence pour l'honneur des familles, » et pour la tranquillité publique, ne » demeure pas sans poursuite, le procu- » reur-général requiert, qu'il plaise à la » cour le recevoir opposant à l'exécution » de l'arrêt par défaut; faisant droit » sur l'opposition, ensemble sur l'appel

» interjetté par Rousseau, de la permission
» d'informer, information et décret de
» prise-de-corps contre lui décerné par
» le lieutenant-criminel au châtelet, à
» la requête du sieur de la Faye, mettre
» l'appellation au néant ; ordonner que
» ce dont a été appellé sortira effet ; et
» permettre au procureur-général du roi
» de faire informer par addition, tant
» des faits contenus en la plainte du sieur
» de la Faye, que des faits exposés dans
» sa requête ; en conséquence, que le
» procès au châtelet contre Rousseau sera
» fait et parfait en la cour sur tous les
» faits en question, à la requête du pro-
» cureur-général du roi.

Le sieur Rousseau étant appellé en audience, ne croit pas prudemment qu'il doive comparoître. M. le procureur-général obtient par défaut le 12 mai 1711, un arrêt qui lui accorde ses conclusions.

Le sieur Saurin demande, qu'en confirmant le sentence du châtelet, on passe outre à l'instruction de la subornation des témoins. Il obtient sa demande. Monsieur le procureur-général obtient que cette information en subornation sera faite à sa requête, et qu'on fera droit sur les deux informations par un seul et même jugement. On joint au procès les anciens couplets aux nouveaux, qui font la matière de l'accusation, et douze épigrammes très-dissolues, et la *Moïsade*, afin de les représenter aux témoins lorsque besoin sera. Vainement le sieur Rousseau est assigné à son de trompe : il a résolu d'être sourd aux cris publics, qui sont pour lui des cris funestes et de mauvais augure. Toute l'instruction étant achevée, voici l'arrêt définitif :

Notre cour, *faisant droit sur le tout, ayant aucunement égard à la requête de Saurin du 16 février dernier, déclare la contumace bien instruite contre Jean-Baptiste Rousseau ; et adjugeant le profit d'icelle pour les cas résultans du procès, a banni et bannit ledit Rousseau à perpétuité du royaume, et Guillaume Arnould, Jacques Fleury, Marie-Angélique Bidaud, chacun pour neuf ans de cette ville, prévôté et vicomté de Paris ; leur enjoint de garder leur ban sous les peines portées par la déclaration du roi. Déclare tous et un chacun les biens dudit Rousseau situés en pays de confiscation, acquis et confisqués à qui il appartiendra ; sur iceux et autres non sujets à confiscation, préalablement pris cinquante livres d'amende envers ledit seigneur roi, et cent livres de réparation civile envers ledit Saurin : condamne ledit*

Arnould, ledit Fleury, et Marie-Angélique Bidaud, chacun en trois livres d'amende envers le roi : interdit ledit Simon Milet pour un an de l'exercice et fonctions de sa charge; le condamne à aumôner la somme de trois livres au pain des prisonniers de la conciergerie du palais, et solidairement avec ledit Rousseau, et lesdits Arnould et Fleury, et Marie-Angélique Bidaud, à ladite somme de cent livres de réparation civile ci-dessus adjugée audit Saurin, et à tous les dépens aussi solidairement : et sera ladite condamnation, à l'égard dudit Rousseau, écrite dans un tableau, qui sera planté en la place de grêve de cette ville de Paris.

Cet arrêt est du 7 avril 1712.

HISTOIRE

HISTOIRE

De Louis Gaufridy, prêtre, brulé comme sorcier, par arrêt du parlement de Provence.

LOUIS Gaufridy, prêtre, originaire de Bauvezer, près des montagnes de Grasse en Provence, hérite des livres et des meubles de son oncle, mort curé. Il trouve dans cette bibliothèque un livre de magie, qui est la cause de sa perte; cependant, il est plus de huit ans sans en faire mauvais usage. Au bout de ce temps-là, il commence à le lire avec ardeur: comme il s'y applique, le diable lui apparoît, sous une figure humaine, vêtu comme un homme de condition, ou, si l'on aime mieux, comme un financier. La frayeur s'empare alors de ses sens: on auroit de la peur à moins, mais, sa crainte se dissipe. Il lui vient dans l'idée de satisfaire deux passions par l'organe du diable; la première, d'être dans une grande réputation de sagesse dans le monde, et particulièrement parmi les personnes distinguées par leur probité ; la seconde, de jouir à souhait des femmes et des filles qui lui plairoient, et irriteroient ses desirs. Le diable, à qui il communique son envie, lui dit : *que me donneras-tu, si je te fais posséder tout ce que tu desires ?* Gaufridy, ravi de la proposition, lui demande ce qu'il veut de lui ? Le diable exige que Gaufridy se donne à lui sans réserve. Gaufridy a cette complaisance-là pour le diable.

Après quoi il lui demande l'accomplissement de ses desirs. Le diable ne repond point ; mais il lui dit, qu'il reviendra : il revient effectivement au bout de trois jours ; alors il lui promet, que, par la vertu de son souffle, il enflammera d'amour toutes les filles et femmes qu'il voudra posséder ; mais, qu'il faut que le souffle parvienne jusqu'à l'odorat des personnes à qui il voudra inspirer une forte passion.

Le diable donne son billet, par lequel il s'engage de donner cette vertu merveilleuse au souffle de Gaufridy, et de lui donner la réputation qu'il desire.

Le vent de sa réputation est le vent de sa fortune ; il obtient la cure de la paroisse des Accoules de Marseille. Muni du rare secret de soumettre la vertu la plus farouche du beau sexe, Dieu sait comme il sait souffler, et le plaisir qu'il goûte de voir les plus belles personnes lui payer le tribut de leur amour.

Il a un grand accès dans la maison d'un gentilhomme, qui s'appelle le sieur de la Palud. La grande réputation, dont le diable lui a donné le don, le fait recevoir agréablement de ce gentilhomme, qui a trois filles d'une rare beauté. Elles sont fort bien élevées dans la science du monde, qu'elles allient avec la dévotion. Magdelaine, l'une d'entr'elles, est celle qui plaît davantage à Gaufridy. Il est tenté de la posséder; mais comme elle est inséparable de sa mère, il ne peut pas remplir ses desirs. Il souffle alors sur la mère: d'un dragon de vertu qu'elle est pour sa fille, il en fait un vrai mouton; elle la lui amene dans sa chambre. On juge bien qu'il profite de l'occasion, la mère s'étant retirée.

Son plaisir est de souffler sur plusieurs femmes, sans se prévaloir de l'état où il les réduit. Il voit des prudes sauvages devenir des coquettes très-apprivoisées.

Il s'attache particulièrement à Magdelaine de la Palud. Plus il souffle sur elle, plus elle est prise pour lui d'un amour violent. Il veut qu'elle fasse toutes les avances; elle est si bien infectée de ce souffle amoureux et diabolique, qu'elle ne peut soutenir la violence de son amour: elle le vient chercher par-tout, jusqu'à l'église: elle veut qu'il soit toujours à la maison de son père.

Il fait sa principale affaire de régner absolument sur cette demoiselle: on ne voit pas qu'il ait eu une grande ambition d'étendre ailleurs son empire amoureux. Il enrôle, dans le service du seigneur Béelzebut, sa maîtresse, à qui il tire du sang du petit doigt de la main droite, dont elle fait sa signature avec un poinçon fort délié; et afin de serrer encore plus les nœuds de ce détestable engagement, il lui fait faire sept ou huit promesses qui tendent au même but: c'est le même thême en sept ou huit façons différentes.

Le diable s'est réservé dans ses traités, le pouvoir d'être le maître de toutes ses promesses, et de les transporter là où il voudra; il menace Gaufridy, s'il les brûle, de faire dans la maison un vacarme si horrible, qu'il en tombera roide mort.

Gaufridy est fort surpris un jour, qu'étant allé voir le père Michaëlis jacobin, et le père Antoine capucin, avec qui il a eu un différent, il ne trouve plus les promesses. Le démon les a emportées. Gaufridy brûle le livre de magie, non pas qu'il en soit désabusé, mais il appréhende qu'on ne trouve chez lui ce livre pernicieux, et qu'on ne lui fasse son procès comme a un sorcier.

A l'égard du sabbat, il dit que la première fois que les sorciers y vont, ils sont marqués avec le petit doigt d'un diable, qui a un office pour cela d'une création expresse; on sent, lorsqu'il imprime la marque, un peu de chaleur qui pénétre; et là où il a touché, la chair demeure un peu enfoncée.

Gaufridy fait marquer Magdelaine à la tête, vis-à-vis du cœur, et en plusieurs autres parties de son corps. On lui met une aiguille dans la cuisse, qu'elle ne sent point; et lorsqu'elle y entre, on diroit qu'on perce une peau de parchemin.

Les marques se couvrent quelquefois, mais après cela elles reviennent, et reprennent leur première force; quoiqu'on se convertisse, elles ne s'effacent point; c'est un signal qui reste toujours de la possession que le diable a eu des sorciers. Ces marques signifient qu'on a fait une protestation d'être bon et fidèle serviteur du diable.

Gaufridy dit, que le diable a tenu des séances de sabbat en divers lieux de la Provence, à la baume de Rolland, à la baume de Loubières, et deux ou trois fois à la sainte-baume; que dans ce dernier lieu, le diable y a porté Magdelaine.

Que lorsqu'il vouloit aller au sabbat, il se mettoit la nuit à la fenêtre toute ouverte; ou, il sortoit de sa chambre, la fermant, et mettant la clef dans sa poche. Lucifer le prenoit sur-le-champ, le transportoit au lieu du sabbat, où il demeuroit trois ou quatre heures, plus ou moins, suivant le mérite des affaires diaboliques.

Parmi les sorciers, il y en a au sabbat qui sont masqués; ils rendent tous leurs hommages à genoux au souverain des enfers.

Dans le sabbat, Gaufridy faisoit avaler des caractères à Magdelaine; les uns qu'il avoit écrit, les autres écrits par les diables, le tout pour lui donner une dose d'amour si forte, qu'elle en devint forcenée, tant il ménageoit peu la raison de Magdelaine. Il confesse, qu'il a eu les dernières faveurs d'elle au sabbat.

Il dit aussi qu'il a abusé de plusieurs filles ailleurs qu'au sabbat, par la vertu magique de son souffle; mais elles ne servoient qu'à l'amuser. Magdelaine seule avoit le droit de faire sa principale occupation.

Il déclare, que le démon est le véritable singe de la divinité, qu'il imite au sabbat toutes les cérémonies de l'église. Les chandelles que l'on y brûle, sont de poudre et de souffre; en éclairant, les diables cherchent à effrayer. La cloche avec laquelle on sonne, est de corne, et le battant de bois. Voilà la plus grande partie de ce que Gaufridy confesse devant ses juges.

Il faut regarder cette histoire du sabbat dans toutes ses circonstances, comme l'ouvrage de l'imagination déréglée de l'impie Gaufridy, qui a corrompu Magdelaine de la Palud, par la contagion de ses impiétés. Nul égarement, où une imagination vive jusqu'à être visionnaire, ne puisse tomber.

Magdelaine, au milieu de cette vie horrible qu'elle mene, se sent pénétrée des lumières de la grace: elle y répond, et embrasse l'état religieux dans l'ordre de sainte ursule, sous la conduite des pères de la doctrine chrétienne. Rien ne prouve mieux, que le Sauveur est venu pour attirer à lui les plus infames pécheurs.

Gaufridy met en vain tout en usage pour la détourner de son pieux dessein. Parmi les femmes sur lesquelles il souffle, Victoire Courbier, femme d'un gentilhomme, en est une. C'est dans le tribunal de la confession qu'il met en œuvre son secret magique. Elle retourne chez elle tout embrasée d'un feu impur; son mari ne la reconnoît plus.

Gaufridy n'est pas plus de six ans en possession paisible de sa magie. Tout le monde vient enfin à le connoître comme un insigne magicien. Il est mis en prison, et jugé.

L'arrêt *le comdamne a faire amende honorable, à être dégradé, et ensuite à être brûlé vif, préalablement appliqué à la question ordinaire et extraordinaire, pour avoir de sa bouche la vérité de ses complices.*

Çet arrêt est du dernier avril 1611.

Exécuté à Aix le même jour.

HISTOIRE

De Mademoiselle de Choiseul.

LE duc de Choiseul épouse en 1681, Louise-Gabrielle le Blanc de la Baume de la Valière; après avoir mis au monde trois enfans; un fils qui ne vit que deux ans, et deux filles, la duchesse croit être grosse en 1696. Elle appelle le Duc, chirurgien-accoucheur, que le sieur Helvétius médécin lui indique comme un habile homme pour les accouchemens: il l'accouche d'une fille le 8 octobre 1697. Quoiqu'il n'y ait point de divorce entr'eux, le duc de Choiseul demeure dans une autre maison, et voit rarement la duchesse.

Elle charge secretement l'accoucheur de faire baptiser l'enfant, et de la mettre en nourrice. Il dit dans son registre, qu'il a mis une marque à l'enfant sous le jarret gauche, et un peu plus bas, avec trois légères scarifications saupoudrées de poudre à canon ; ces marques sont ineffaçables. Mademoiselle de Choiseul dit au procès qu'elle les a.

L'accoucheur, après avoir fait baptiser l'enfant à saint-etienne du mont, où on lui donne le nom de Julie, la met en nourrice chez Martine Loin, femme de Jean de Marne, jardinier dans le parc de Meudon. A la réserve de la dernière circonstance, les autres sont absolument ignorées de mademoiselle de Choiseul.

La duchesse, étant relevée de couches, tombe malade d'une maladie de langueur, dont elle meurt le 7 novembre 1698. Dans ses derniers instans, elle s'occupe du sort déplorable de mademoiselle de Choiseul, dont l'état est enseveli dans l'obscurité : elle la recommande à la marquise d'Hautefort son amie, qui lui promet de lui donner ses soins, et de la regarder comme sa véritable fille.

La duchesse confie à la marquise d'Hautefort deux de ses portraits, et d'autres effets, pour les remettre à sa troisième fille.

La marquise d'Hautefort, après la mort de la duchesse, prend le cœur et les entrailles d'une mère pour mademoiselle de Choiseul ; elle la retire des mains de la nourrice de Meudon, et la met à

Paris chez une autre nourrice, nommée Nicole Lalouette, femme de le Roi, dans la rue st. antoine.

La marquise voulant être à portée de veiller sur l'enfant et sur la nourrice, les place l'une et l'autre chez une nommée la Salle boulangère, qui demeure rue princesse.

A deux ans et demi, la marquise d'Hautefort retire l'enfant, et la prend chez elle : elle lui donne une gouvernante, nommée Adrienne-Catherine Thomas, qui demeure auprès d'elle jusqu'à ce qu'elle ait atteint l'âge de quatorze ans ; et elle lui donne le nom de mademoiselle de Saint-Cyr, qui est celui de l'une de ses terres.

Le duc de Choiseul décéde le 2 avril 1705 : il paroît qu'il n'a eu aucunes lumières sur cette troisième fille.

La marquise d'Hautefort donne à mademoiselle de Choiseul, pendant l'intervalle de sa minorité, toute l'éducation qu'exige une personne de qualité, dont on forme également l'esprit et le cœur, et à qui l'on apprend ce qui la peut distinguer dans le monde, et la faire représenter selon son rang.

On ne fait aucune mention d'elle dans tous les actes publics qui concernent la succession du duc et de la duchesse de Choiseul, de la marquise de la Valière son aïeule maternelle, et des deux demoiselles de Choiseul.

Enfin, la majorité de la demoiselle de Choiseul approchant, la marquise d'Hautefort prend ses mesures pour faire réussir la réclamation de l'état de cette demoiselle.

Le 30 juin 1723 mademoiselle de Choiseul, sous le nom d'anonyme de Choiseul, rend plainte au lieutenant-criminel de deux faits capitaux.

Le premier, regarde les personnes qui se sont mêlées des affaires de sa maison après la mort du duc de Choiseul, qui ont affecté de ne la pas comprendre dans les qualités des actes qui regardent la succession de ce seigneur : elle dit, qu'ils ne peuvent avoir eu d'autres vues, que de lui enlever les preuves de son état.

Sur ce chef, elle ne nomme personne, parce qu'elle ne sait que le délit, et qu'elle n'en connoît point les auteurs.

Le second fait, a pour objet le nommé la Touche, et ses complices, qui se sont emparés de différens effets à elle appartenans, après le décès de la duchesse de Choiseul.

Elle obtient une permission d'informer, et fait informer en effet: et, par une ordonnance du 10 juillet 1723, l'information est renvoyée à l'audience.

Comme elle croit n'avoir été qu'ondoyée, et qu'elle ne pense pas qu'on lui ait administré les cérémonies du baptême, elle se présente à saint-sulpice, où on les supplée, et on lui donne le nom d'Augustine Françoise.

N'étant pas encore déterminée sur la personne qui doit être l'objet principal de son attaque, elle s'en tient alors à la perquisition de la Touche, tuteur onéraire des demoiselles de Choiseul: elle apprend sa mort; elle fait nommer un curateur à sa succession vacante: et comme par la mort le crime est éteint, on renvoie le procès au civil à l'égard de la mémoire de la Touche.

Elle se munit de lettres de bénéfice d'inventaire, et prenant la qualité d'héritière bénéficiaire du duc et de la duchesse de Choiseul ses père et mère, elle fait assigner le 17 septembre 1723, au parc civil, le duc de la Valière, afin qu'il lui communique l'inventaire fait après le décès de la marquise de la Valière, mère de ce duc, et aïeule de la demoiselle de Choiseul: elle lui demande quelques effets de la succession de la duchesse de Choiseul; et elle requiert, qu'il se désiste de la possession des immeubles des différentes successions échues, dont elle se prétend unique héritière.

Voilà la guerre déclarée dans les règles. Le duc de la Valière fournit des exceptions, où il qualifie mademoiselle de Choiseul d'Augustine-Françoise, se disant de Choiseul; et il dit que sa qualité et son état étant contestés, il faut qu'elle les établisse par des pièces authentiques.

Mademoiselle de Choiseul, à ce langage, veut reconnoître dans le duc de la Valière, l'auteur de la suppression des preuves de son état.

Elle se détermine à le poursuivre par la voie criminelle; mais sur la première requête qu'elle présente au lieutenant-criminel, il ordonne, qu'attendu la qualité du duc de la Valière, les parties se pourvoiront.

Elle s'adresse à la grand'chambre, suffisamment garnie de pairs, où les chambres sont assemblées: elle prend les mêmes conclusions qu'elle a prises devant le lieutenant-criminel, où elle a accusé le duc de la Valière, et elle demande l'apport des informations.

La première question à décider, est de savoir si elle peut être admise à prendre la voie criminelle.

Me. Normand son défenseur, dit que le duc de la Valière a été témoin de la grossesse de la dame, mère de mademoiselle de Choiseul, témoin oculaire de sa naissance; que, quand il s'agit de lui rendre son bien, dont il s'est emparé, il lui objecte qu'elle doit rapporter des preuves de son état par des pièces authentiques; et que c'est-là le délit dont elle soutient que ce seigneur est convaincu par les informations.

Le duc de la Valière répond, par le ministère de Me. Julien de Prunay, que les libelles de la demoiselle de Saint-Cyr ont métamorphosé le crime dans une suppression de preuves de l'état: mais qu'il ne faut que ces libelles mêmes pour confondre l'imposture, puisqu'on ne peut enlever aucun titre, ni aucune preuve de filiation, à une personne qui convient n'en point avoir. Il dit, que c'est un enfant, qui sort de terre, après avoir demeuré vingt-six ans dans la maison de la marquise d'Hautefort, où elle n'a été que sous le nom étranger de Saint-Cyr; sans extrait baptistère; aucun titre, tel qu'il soit, nulle possession relative au nom de

Choiseul. Il ajoute que le délit dont elle l'accuse, n'a ni corps, ni ombre, ni motif, ni preuve; et que si on pouvoit en imaginer un, ce seroit celui du duc de Choiseul, celui de tous les parens, ou pour mieux dire, celui de la marquise d'Hautefort, et non le sien.

La demoiselle de Choiseul, qui n'a formé cette entreprise, qu'afin de prouver son état à la faveur d'une information, échoue dans ce dessein. Le duc de la Valière est déchargé avec dépens de l'accusation, par un arrêt du 19 mai 1724. La procédure est déclarée nulle, et les parties sont renvoyées aux requêtes du palais, pour y procéder à fins civiles.

Mademoiselle de Choiseul fait assigner le chevalier de la Valière, et la marquise de Tournon, pour voir déclarer la sentence qui interviendra commune avec eux; et dès qu'ils sont en cause, elle fait interroger le duc et le chevalier de la Valière, et la marquise de Tournon leur sœur.

Dans cette obscurité, où est plongée mademoiselle de Choiseul, elle apprend que le Duc, accoucheur, mort il y a dix ans, a laissé un fils, et que ce fils est possesseur d'un registre-journal, où son père écrivoit avec soin toutes les opérations de son art: et comme elle ne doute pas, que

que ce registre ne fasse une mention exacte de sa naissance, elle somme le Duc le 1 août 1724, de se trouver le lendemain chez Jourdain notaire, pour y représenter le journal de son père, afin qu'en sa présence on fasse l'extrait, et qu'on collationne les articles concernant l'accouchement de la duchesse de Choiseul.

Le Duc comparoît chez le notaire, il y représente le registre-journal de son père, et en indique huit articles qui concernent le détail des couches de la duchesse de Choiseul, et que l'on transcrit dans le procès-verbal.

La demoiselle de Choiseul requiert le dépôt de ce registre, afin de pouvoir en constater la vérité avec les parties intéressées. Le Duc y consent; mais sous la condition qu'on ne laissera ouvert du registre que les feuilles sur lesquelles les articles extraits et collationnés sont écrits, et que le surplus sera ficelé et cacheté de son cachet.

Mademoiselle de Choiseul souscrit à la condition, et le registre demeure déposé dans cet état entre les mains de Jourdain notaire. Elle demande la vérification de cette pièce: le duc de la Valière s'y oppose de toute sa force, voyant bien qu'il s'agit d'un coup de partie; il interjette appel de la sentence qui ordonne cette vérification. Monsieur Gilbert, avocat-général, croit que son ministère l'engage à s'y opposer, et qu'il est d'une conséquence dangereuse de recevoir une pareille pièce pour prouver son état; il conclut à ce qu'elle soit rejetée. Cependant, la cour confirme la sentence. Ce succès encourage mademoiselle de Choiseul, et fortifie ses espérances.

Le duc de la Valière revenu aux requêtes du palais, y demande la communication du registre dans son entier. Messieurs ne jugent pas à propos d'accorder cette demande; ils veulent examiner eux-mêmes ce journal; et n'y trouvant que six articles, outre les huit transcrits dans le procès-verbal, qui puissent regarder l'affaire en question, ils ordonnent seulement la communication de ces quatorze articles, sans déplacer, par les mains de l'un d'entr'eux.

Le duc de la Valière se rend appellant à la grand'chambre de cette sentence, et demande qu'au cas qu'on ne juge pas à propos d'ordonner la communication entière de ce registre, la pièce soit supprimée comme infâme, et comme incapable de produire aucune preuve.

Messieurs de la grand'chambre, après

avoir examiné par eux-mêmes le registre, ne font point droit sur la requête, qui tend à la suppression de ce journal; ils confirment le jugement des requêtes du palais, où les parties retournent de nouveau.

On plaide de part et d'autre à huis clos pendant plusieurs audiences: les opinions se partagent: c'est ce qui détermine les juges à appointer le procès.

Mademoiselle de Choiseul appelle de ce jugement. Me. Normand son avocat, demande la preuve de plusieurs faits qu'elle articule: ils ont pour objet l'accouchement de la duchesse de Choiseul d'une troisième fille le 8 octobre 1697, mise en nourrice; recommandée par la duchesse expirante à la marquise d'Hautefort; recueillie après la mort de la duchesse par cette même marquise, qui l'éléve dès son enfance jusqu'à sa majorité. Elle dit que cette troisième fille est elle-même. Elle articule que sa naissance et son état sont connus du duc de la Valière. Voilà les faits principaux, liés naturellement par plusieurs circonstances qu'elle récite dans l'exposition des faits.

Elle se réduit ensuite à deux propositions: la première, que l'orsqu'un enfant, sur la naissance duquel on veut jetter de l'obscurité, pose des faits circonstanciés, et capables par eux-mêmes de conduire à la connoissance exacte de son état, la preuve testimoniale doit être admise indépendamment de tout commencement de preuve par écrit: et elle le prouve.

La seconde, que si, pour admettre la preuve testimoniale, le commencement de preuve par écrit étoit nécessaire, elle y satisferoit bien au-delà, puisque les preuves littérales qu'elle rapporte, suffisent pour former la démonstration la plus complète de l'état qu'elle réclame; et elle le prouve également.

Me. Julien de Prunay, pour le duc de la Valière, dit que les faits articulés par mademoiselle de Saint-Cyr, qui ne portent pas même le moindre caractère de possession d'état, toujours nécessaire en pareil cas, sont suffisans pour demasquer l'artifice d'une personne qui veut sortir de l'obscurité qui a toujours été son partage, pour entrer avec éclat dans une des plus illustres familles du royaume, dont elle n'a jamais fait partie.

Il refute ensuite les deux propositions de mademoiselle de Choiseul, en ajoutant que sa prétention de prouver par témoins qu'elle est de cette famille, se présentera dans toute sa témérité et son injustice, quand on aura vu que la question d'état dont il s'agit au procès, est, dans la première espèce, d'une personne qui est en possession d'un état, duquel on veut la dégrader ; et dans la seconde, d'une personne, qui veut se détacher de son état, pour passer dans un plus éminent.

Me. Aubry soutient la cause de la marquise de Tournon, qui est la même que celle du duc de la Valière : il met en œuvre les mêmes moyens.

Me. le Normand avocat de mademoiselle de Choiseul, fait de nouveaux efforts pour leur répondre ; il revêtit ses raisonnemens d'une force capable d'entraîner les esprits.

M. Gilbert avocat-général, dans ses conclusions, estime, *qu'il y a lieu, faisant droit sur les appellations, de les mettre, et ce dont est appel, au néant : émendant, évoquant le principal, et y faisant droit, débouter la partie de Me. Normand de ses demandes: faisant droit sur ses conclusions, ordonner que le registre, qui est entre les mains de Jourdain notaire, sera apporté au greffe de la cour, pour, en la présence d'un des messieurs, le Duc fils, présent, ou duement appellé, être supprimé, ou brûlé.*

La cour prononce l'arrêt suivant.

La cour a mis et met les appellations, et ce dont est appel au néant : émendant, permet à la partie de Normand de faire preuve, tant par titres que par témoins, des faits articulés par elle dans ses requêtes : permet aux parties de Julien de Prunay, et d'Aubry, de faire la preuve contraire : et, pour l'exécution du présent arrêt, renvoie les parties aux requêtes du palais : donne défaut contre le chevalier de la Valière, déclare le présent arrêt commun avec lui, tous dépens réservés.

Cet arrêt est du 13 avril 1726.

Mademoiselle de Choiseul fait une preuve si complète, que cette même preuve fait l'arrêt qui la déclare fille et unique héritière du duc et de la duchesse de Choiseul.

MARIAGE DÉCLARÉ ABUSIF

Après vingt-quatre ans de cohabitation, et la mort de l'épouse.

FRANÇOIS de Crequy épouse en premières noces Elisabeth de Sailly : il a de ce mariage Jérôme, Adrienne-Elisabeth, et Charlotte de Crequy; Jérôme est tué à l'armée, les deux sœurs demeurent héritières du premier lit. François de Crequy épouse en secondes nôces Bonne de Crequy. François-Léonard de Crequy qui a intenté ce procès, est né de ce mariage; il a survécu à plusieurs frères tués au service du roi, il n'a point laissé de postérité. En 1671, Charles de Sailly, oncle d'Adrienne-Elizabeth, et de Charlotte de Crequy, les éléve dans sa maison. L'intérêt, qui est le grand mobile des mariages, fait proposer celui de Louis-Aymar de Sailly fils de Charles, avec Adrienne-Elizabeth : il est alors cadet de sa maison, et les cadets sont peu avantagés dans les coutumes de Picardie où les biens sont situés. L'alliance est formée par les deux familles; et le mariage est célébré avec beaucoup d'éclat entre tous les parens, le 13 avril 1679. Trois jours après, l'épouse tombe malade, elle meurt au bout de quarante-trois jours de son hyménée. Cette mort fait une grande brèche à la fortune d'Aymard de Sailly: Charlotte, sœur de la défunte, recueille les biens qu'il a possédés. Pour remédier à cette révolution, l'idée d'épouser la cadette se présente à lui. Si on reçoit le soupçon que donne la supplique qu'il présente en cour de Rome, elle a du goût pour lui, et l'amour a fait du chemin dans son cœur.

Comme il faut obtenir une dispense du pape pour pouvoir resserrer les nœuds de ce mariage, il s'adresse au sieur le Maire, banquier expéditionnaire en cour de Rome, qui expose au saint père, le 25 septembre 1679, après le décès d'Adrienne, que Louis-Aymard de Sailly, ayant perdu sa femme après 43 jours de mariage, désire épouser Charlotte sa sœur. Le banquier jette un doute sur la consommation du mariage, et répand un soupçon sur la conduite des futurs, qui sont à portée de se voir, de s'aimer, et de faire bien du progrès.

Il demande une dispense dans le premier degré d'affinité, et dans le troisième et quatrième degré de consanguinité. A la seconde supplique que le même banquier présente le 23 février 1680, le mystère est éclairci: il ne doute plus, et demande la même dispense: il apporte une attestation de l'évêque de Noyon qui expose tous les faits favorables à cette dispense, l'intérêt de l'époux et de l'épouse qui sont d'une illustre maison, et qui n'oublie pas le soupçon dont l'honneur de l'épouse est taché. Ce prélat dit néanmoins, que l'épouse est morte sans avoir conçu aucun enfant, ce qui laisse à penser qu'il croit que le mariage a été consommé.

Le pape, qui occupe alors le trône pontifical, est Innocent XI; il refuse cette dispense, malgré toutes les sollicitations du cardinal d'Estrées, et celles du sieur de Sailly lui-même, qui va se jetter aux pieds de sa sainteté pour lui demander cette grace.

Le marquis se flatte d'être plus heureux sous Alexandre VIII, successeur d'Innocent XI, dont l'esprit est plus liant et plus aisé. Un autre banquier présente une supplique pour le marquis le 7 mai 1690, où il expose que l'époux a eu pour son épouse la nuit des noces un respect qui n'est pas ordinaire, c'est-à-dire, qu'il n'a pas commis le moindre attentat, si on peut donner ce nom à une liberté légitime; sur ce fondement, il demande une dispense au premier degré d'honnêteté de justice, c'est-à-dire la permission d'épouser en secondes noces, la sœur de sa première femme, lorsque le premier mariage n'a point été consommé, et au troisième et quatrième degré de consanguinité. Alexandre VIII, commet l'official de Noyon pour faire une information de la vérité, et l'excommunie au cas qu'il ne remplisse pas son devoir dans cette information, et dans l'exécution du bref, c'est-à-dire, au cas qu'il fasse quelques faveurs, reçoive quelque présent, et n'apporte pas une attention singulière à s'éclaicir de la vérité.

Cet official, qu'on appelle Mannier, use d'une extrême diligence; il crée un vice-promoteur qui est son frère, il reçoit et répond la requête des supplians, il la communique à son nouveau promoteur qui prend des conclusions, il fait l'information, il fait subir un interrogatoire au futur et un autre à la future, et rend sa sentence, tout cela sans interruption, dans cinq heures. Il dispense par sa sentence du 26 janvier 1691, les futurs de l'empêchement du premier degré d'affinité, comme aussi de celui du troisième et quatrième de consanguinité qui sont entr'eux, et il prononce que des fiançailles ayant été faites, et un ban de mariage publié au lieu de Sailly sans opposition, les enfans qui proviendront du mariage seront légitimes. Sur le fondement de ce jugement, le contrat de mariage est passé: il contient une donation mutuelle de tous les biens des deux époux au profit du survivant: le mariage est célébré le 4 février 1691 ; l'acte de célébration n'est signé que de deux témoins. Ils vivent ensemble 24 ans, sans que leur mariage soit attaqué. Charlotte de Crequy meurt sans postérité le 2 janvier 1714. Le Comte de Crequy son frère entre en possession des terres qui proviennent de son chef, et qui portent son nom : le marquis de Sailly forme sa complainte, et s'autorise de sa donation.

Après un circuit de formalités pardevant les premiers juges, le comte de Crequy porte l'affaire à la grand'chambre du parlement, par un appel comme d'abus qu'il interjette de l'exécution du bref, de la sentence d'homologation, et de l'acte de célébration du mariage. Le marquis de Sailly n'oublie rien pour faire renvoyer la contestation devant des commissaires du conseil : arrêt en 1720, qui le déboute de sa prétention : l'affaire est appointée.

Le comte de Crequy expose quatre moyens d'abus :

Dans le premier, il dit, qu'il n'est pas question d'examiner si le pape a pu accorder dispense du premier degré d'affinité ; puisqu'il est incontestable dans le fait, que le sieur marquis de Sailly l'a demandée et sollicitée pendant plus de douze années, et que les motifs du refus du pape ont été puisés dans la loi divine, dans la loi naturelle, et dans les décisions des conciles ; spécialement dans celui de Trente, qui prononce une exclusion absolue de toutes sortes de dispenses au premier degré de consanguinité et d'affinité, et ne les tolére dans le second degré, si ce n'est entre grands princes, et à cause du bien public. D'où il suit que, si le pape avoit accordé au marquis de Sailly la dispense en question, elle seroit vicieuse et abusive. Il ajoute, qu'une maxime des plus respectables et des plus inviolables de notre droit, est que, le mariage étant composé du sacrement et du contrat civil, le contrat reçoit son être et sa perfection de la loi du prince et de l'autorité du magistrat; et que ce seroit anéantir l'autorité royale dans le prince et dans les dépositaires de son pouvoir, si on adoptoit le langage des adulateurs de la cour de Rome, qui ne donnent point d'autres bornes à la puissance du souverain pontife que sa volonté; qu'ainsi, toute dispense qui passe les limites du droit commun, qui blesse la disposition des saints décrets, ou les usages et la police publique, doit être rejetée, et ne peut produire aucun effet, à moins qu'elle ne soit confirmée par des lettres-patentes enregistrées.

Dans le second, il démontre, par le parallèle des trois suppliques, que la dispense est obreptice et subreptice; que le mensonge, la mauvaise foi, l'ont extorquée, et qu'il régne dans toute la conduite que l'on a tenue à Rome pendant onze années.

Dans le troisième, il soutient, que tous les vices qui peuvent infecter un acte, se rencontrent dans la sentence de fulmination de l'official de Noyon. Il ajoute, que le promoteur est sans commission; que l'on ne peut pas donner le nom d'information à une enquête informe, composée de deux témoins qui ne donnent pas la plus légère instruction des faits de la supplique; que l'official ne fait pas seulement déposer dans son greffe la commission qui lui est adressée, et dont il est l'exécuteur; et qu'au fond, cet official a passé toutes les bornes de son pouvoir, en sorte qu'il s'est fait l'auteur de la dispense, et qu'il a attribué au pape une volonté qu'il n'avoit pas.

Dans le quatrième, il finit en disant, qu'il ne pouvoit y avoir de mariage sans dispense. Que l'on a vu que la fulmination fourmilloit d'abus, et que la dispense étoit nulle; par conséquent, point d'acte de célébration.

Malgré tout l'art des défenseurs du marquis de Sailly, on apperçoit que la dispense qu'il a obtenue est obreptice et subreptice. Il ne laisse pas le moindre doute par les premières démarches qu'il a faites; sa première supplique, et le certificat de M. l'évêque de Noyon, prouvent qu'il a consommé le mariage; par conséquent, qu'il avoit besoin d'une dispense au premier degré d'affinité, et qu'il ne l'a obtenue qu'au premier degré d'honnêteté, sur son exposé; d'où il s'en suit; que son mariage étant contracté sans la dispense qui lui étoit absolument nécessaire, est nul : voilà le motif qui détermine l'arrêt.

La cour, *faisant droit sur le tout, déclare le mariage nul, abusif, et non valablement célébré, contracté et exécuté ; et condamne le marquis de Sailly en tous les dépens.*

Cet arrêt est du 19 juin 1723.

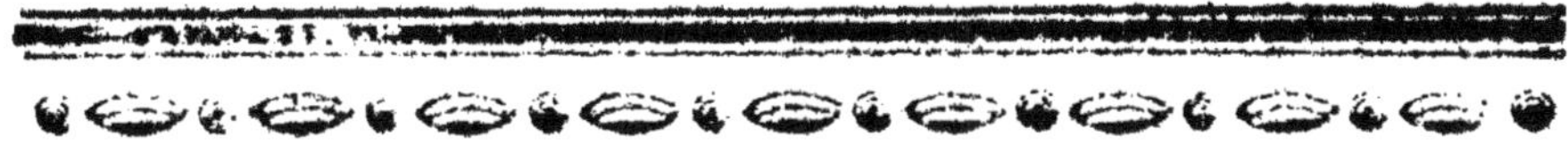

CONCUBINE DONATAIRE

Dont on a confirmé la donation.

LOUISE-Françoise de Grand-Maison, fille de Jean Tisserant et de Dorothée Varichon, est née dans un village près de Dôle. Sa naissance obscure est un peu relevée par des emplois que son père et son frère ont ; le père prend le nom de Grand-maison, qui lui semble beau : un beau nom et de belles armes sont des vernis qu'on passe sur une basse naissance. La nature a partagé la demoiselle de Grand-maison de ces agrémens vifs et piquans, qui font d'abord leur impression ; elle lui a donné un esprit de commerce propre à les faire valoir. Elle paroît avec éclat dans les compagnies à Dôle : le sieur Perraud, grand-maître des eaux et forêts de Bourgogne, est d'abord frappé de ses charmes. C'est un vieux garçon qui a de grands biens.

La

La demoiselle de Grand-maison n'a que 16 ans, le sieur Perraud en a 61. La facilité de la demoiselle de Grand-maison éclate bientôt, puisqu'elle devient grosse. Elle fait valoir auprès du sieur Perraud l'état où elle se trouve, pour obtenir les secours dont elle a besoin. Elle va à Paris se délivrer de ce fardeau incommode. Quand elle en est débarrassée, elle vient dans la maison que le sieur Perraud a louée à Paris, où elle demeure toujours avec lui depuis ce temps-là : elle écrit à son frère, curieux de savoir sur quel pied elle est chez le sieur Perraud, qu'elle y est en qualité de volontaire ; ce terme mitige un peu le sens de libertine.

Sa mère dissimule le commerce, parce qu'elle se flatte que le mariage réparera en quelque façon l'honneur de sa fille, et qu'elle croit que l'esprit insinuant de celle-ci vaincra l'esprit indocile du sieur Perraud, et la répugnance qu'il a pour le mariage ; mais, comme elle voit que sa fille ne peut parvenir à ce but, la haine de l'hymen étant trop enracinée dans le cœur de son vieil amant, elle rend une plainte, où elle intente une accusation de rapt contre lui devant le lieutenant-criminel de Dôle. Afin d'effrayer le sieur Perraud, par l'appareil d'une procédure criminelle, on informe; la procédure est portée par appel au parlement de Besançon; il est déchargé de l'accusation par un arrêt du 13 juillet 1720. Il est seulement permis à Dorothée Varichon de se pourvoir, comme elle le jugera à propos, pour faire revenir sa fille dans sa maison.

La demoiselle de Grand-maison a grand soin de persuader à son amant qu'elle n'a aucune part à cette procédure, et qu'affranchie des scrupules qu'inspire un mariage, et s'étourdissant là-dessus, elle n'aspire qu'à demeurer avec lui. Le sieur Perraud croit un amour recónnoissant qui lui conseille de mettre une rente viagère de mille livres chaque année sur la tête de sa maîtresse : il ne croit pas encore que sa reconnoissance ait assez d'étendue; il lui donne, le 22 juin 1722, l'usufruit d'une maison qu'il posséde au village de Lahy; cette maison rend plus de 1500 livres de revenu. Il lui donne en même temps l'usage des meubles, des ustensiles des bestiaux, qui font un objet considérable, et de ses meubles et de sa vaisselle d'argent de Paris; outre cela, il lui donne un fonds de 6 mille livres à prendre sur la même maison ; et elle est déchargée de toutes les réparations de la maison et des bâtimens qui en dépendent ; et on ne peut avoir aucun recours contre elle pour la dégradation ou l'enlévement de meubles : lors de cette donation, le sieur Perraud a 85 ans.

D'abord après la mort du sieur Perraud, la demoiselle de Grand-maison trouve dans les parens une résistance à la laisser jouir de cette donation qui lui a été faite ; elle est obligée d'essuyer un procès qui est d'abord porté au châtelet. Dans les premières défenses qu'elle emploie, elle dit aux héritiers, « qu'il y a » bien des gens qui pensent que la généalogie du feu sieur Perraud n'a pas » été d'une situation capable de lui donner des héritiers du sang, et que sa » filiation ne peut pas se prouver. Qu'il » faut donc que les demandeurs établissent sa filiation, qu'ils rapportent la » preuve de sa généalogie, et qu'ils établissent la leur. »

Les héritiers font de ce langage un moyen d'ingratitude, qu'ils emploient pour annuller les donations. La succession a trois héritiers, le sieur Mucle, trésorier au bureau des finances de Dijon, et ses deux sœurs, dont l'aînée a épousé le sieur Masson de Gendrier, écuyer; et la cadette, qui jouit de l'état de fille, ne veut pas entrer dans le procès.

Ceux qui suscitent la contestation, confient leur défense à M.e Laverdy; et la demoiselle de Grand-maison confie la sienne à M.e Manourry.

L'affaire portée à l'audience, les juges ne balancent pas long-temps les moyens: ils croient que l'arrêt de la cour rendu depuis peu le 4 mars 1727, leur a tracé la voie qu'ils doivent suivre; c'est l'arrêt dont il a été parlé, rendu contre la demoiselle Gardel, légataire du marquis de Béon. Ainsi, le 30 juin 1729, sentence intervient au châtelet, conformément aux conclusions de M. l'avocat du roi, qui annulle les donations, et condamne la demoiselle de Grand-maison à restituer tous les meubles qu'elle peut avoir appartenans à la succession du sieur Perraud.

Elle interjette appel à la grand'chambre. M.e Normand est son défenseur; et M.e Joly de Fleury, alors substitut des gens du roi, consacre son ministère aux héritiers.

Ceux-ci fondent leur premier moyen,

sur les preuves de concubinage : ils tirent la première, des lettres de la demoiselle de Grand-maison écrites en différens temps au sieur Perraud ; et la seconde, de la débauche de la demoiselle de Grand-maison, qui a déterminé le parlement de Besançon à ne la point regarder comme une fille séduite, qui mérite le secours des loix, mais comme une fille adroite, expérimentée, qui a tendu des piéges au sieur Perraud dans la vue de son bien, et qui s'est livrée volontairement au péril pour en profiter.

Le second moyen d'indignité qu'ils lui opposent, est l'injure qu'elle a faite dans ses écritures à la mémoire du sieur Perraud. Ils soutiennent que la donation n'est censée faite, que sous la condition implicite de la reconnoissance ; et qu'y manquer, c'est se rendre indigne du bienfait.

Le défenseur de mademoiselle de Grand-maison dit, que la jurisprudence des arrêts la plus suivie, n'a jamais disputé à celle qu'on a voulu flétrir du titre de concubine, des donations modiques qui n'ont pour objet qu'un simple usufruit et des alimens, et qui sont faites entre personnes libres.

Quant à l'ingratitude, que l'on reproche à la demoiselle de Grand-maison qui a, dit-on, contesté l'état de son bienfaiteur dans ses défenses, il ajoute qu'elles ne sont point son ouvrage, qu'elle ne les a point signées, et qu'elle a désavoué le procureur qui les a employées.

D'ailleurs, il observe qu'en supposant que la demoiselle de Grand-maison soit coupable, les héritiers du donateur ne peuvent pas se servir de ce moyen pour faire annuller la donation; qu'il faut qu'un moyen d'ingratitude soit dans la bouche du donateur lui-même, pour être efficace. Qu'enfin, on n'annulle point par des moyens d'ingratitude une donation causée pour récompense de services; qu'elle est le juste prix des soins et des assiduités de la demoiselle de Grand-maison, ayant l'équité pour principe; et que ce n'est pas une pure libéralité, qui puisse être détruite dans la suite.

M. Talon, avocat-général, conclut que « l'exécution des actes dont il s'agit » soit ordonnée jusqu'à telle concurrence » qu'il plaira à la cour, ainsi que la » main-levée des saisies sur les effets qui » seront adjugés à la demoiselle de » Grand-maison. »

L'arrêt qui intervient, *met l'appellation au néant; émendant, ordonne l'exécution de la donation selon sa forme et teneur; fait main-levée de toutes les saisies, et condamne les héritiers aux dépens tant de cause principale que d'appel, même en ceux réservés.*

Cet arrêt est du 28 mars 1730.

FEMME ADULTÈRE,

Condamnée à la perte de sa liberté, et qui la recouvre après la mort de son mari, par un second mariage.

PIERRE Gars, procureur du roi au siége de Meulan, épouse demoiselle Marie Joisel, partagée des graces de son sexe. Elle a des amans qu'elle favorise avec si peu de précaution, que son mari l'ayant surprise plus d'une fois, la poursuit en justice comme adultère. Arrêt intervient le 9 mars 1673, *qui condamne Marie Joisel pour crime d'adultère, à être mise dans un couvent où elle sera rasée et authentiquée après deux ans, au cas que son mari dans cet intervalle, n'ait pas la bénignité de la reprendre;* l'arrêt porte encore *qu'elle sera recluse le reste de ses jours*. Le mari, qui a le cœur ulcéré, non-seulement laisse passer les deux ans portés par l'arrêt, mais il vit encore sept ans, sans se laisser gagner par la compassion, et sans retirer sa femme du refuge où elle a été mise.

Après le décès du sieur Gars, Marie Joisel croit qu'elle pourra être autorisée à demander sa liberté, puisque la personne intéressée pour la lui contester est ensevelie; mais, le tuteur de ses enfans s'y oppose, secondé par les parens paternels. D'un autre côté, comme elle est d'une bonne famille, ses parens la soutiennent. En cet état, le sieur Thomé, médecin de la faculté de Montpellier, établi à Lyon, vient jouer un rôle extraordinaire: il demande la liberté d'épouser Marie Joisel; il croit pouvoir confier son honneur à une femme repentante d'avoir déshonoré son mari.

Me. Fournier son avocat, plaide les moyens sur lesquels est fondée la demande du mariage et de la liberté qu'on ne peut refuser à Marie Joisel; ils sont aussi employés par Me. Vincent qui parle pour elle.

Ce dernier, lit les certificats qui prouvent la vie exemplaire qu'elle a menée dans le lieu où elle a été enfermée. Il établit le consentement de ses parens: voilà, dit-il, des consentemens pour sa liberté. Quant à son mariage, il continue, en disant, qu'il n'a point d'autre partie que M. le procureur-général, qui ne lui en refusera pas la permission, puisque sa demande est fondée sur la loi de Dieu, sur celle des hommes, sur celle de sa famille, et sur l'expiation qu'elle a faite de son crime. Il ajoute que l'arrêt qui l'a condamnée ne peut apporter aucun obstacle, par deux raisons : la première, que le sieur Gars qui l'a obtenu, et qui seul, comme mari, pouvoit poursuivre sa femme, n'est plus au monde.

Il fonde la seconde, sur la différence qui est entre l'adultère, et les autres crimes dont M. le procureur-général peut demander la vengeance en tout temps.

La cour rend l'arrêt qui suit :

Ayant égard à la requête du sieur Thomé, permet aux parties de contracter mariage ; et à cet effet, ordonne que les articles du contrat de mariage seront signés à la grille du refuge où est Marie Joisel, laquelle, après la publication de trois bans, sera conduite du refuge en la paroisse dudit lieu par Dumur, huissier à la cour, qui s'en chargera, pour, en sa présence, être procédé à la célébration dudit mariage ; ce fait, être remise entre les mains de son mari ; quoi faisant, la supérieure en demeurera bien et valablement déchargée. Fait en parlement le 29 janvier 1684.

Le tuteur des enfans mineurs de Marie

Joisel forme opposition à cet arrêt; les parens paternels et maternels interviennent, les paternels pour s'opposer au mariage, et les maternels pour l'approuver.

Le tuteur et les parens paternels soutiennent, qu'il y a une incompatibilité entre la peine à laquelle Marie Joisel a été condamnée, et le mariage qu'elle veut contracter. Qu'on ne peut révoquer l'arrêt qui a été jusqu'à présent exécuté; contre lequel il n'y a point d'ouverture, ni dans la forme, ni dans le fond, ni lieu à une révision du procès. Que ce seroit révoquer une peine prononcée en connoissance de cause; peine afflictive, puisque suivant l'usage, Marie Joisel a été interrogée à la cour sur la sellette, dans l'appel qu'elle a interjeté de la sentence des premiers juges qui l'a condamnée. Que la révocation de cet arrêt. est une grace qui excéde le pouvoir des magistrats, et qu'elle ne peut émaner que de la souveraineté.

Me. Fournier, répondant à l'avocat du tuteur, dit, que dans la cause dont il s'agit, la mort du mari est une abolition et une amnistie pour la femme qui lui survit. Qu'il est de l'intérêt public que ceux qui sont nés libres, ne perdent pas irrévocablement ce bien précieux que la nature leur a donné; qu'on ne peut les en dépouiller pour toujours, sans une extrême injustice. Qu'il est de l'intérêt politique, que les mariages qui donnent des sujets aux princes qui sont sur la terre et des créatures à Dieu, puissent être librement contractés; et que ceux qui veulent s'y opposer, à moins qu'ils ne fassent voir des obstacles légitimes, sont coupables de plusieurs homicides, dont le nombre se compte par celui des enfans qui auroient vu le jour, si on ne s'étoit point opposé à leur naissance; qu'enfin, Marie Joisel n'est point esclave de la peine; et que la clôture perpétuelle, non plus que la prison, ne sont point regardées comme des peines parmi les Français. D'où il résulte, que la religion forcée étant une véritable prison, et n'étant point une peine ni du droit civil, ni de notre droit français, les juges qui ont prononcé que Marie Joisel demeureroit en religion, peuvent l'en faire sortir. Il ajoute ensuite que, pour empêcher par provision qu'un mariage ne puisse être célébré, il faut avoir les mêmes raisons qui seroient nécessaires pour le rompre s'il avoit été fait; et qu'il n'y a point de loi ni civile ni canonique, point d'ordonnance qui défende à une femme adultère de se remarier quand elle a perdu son premier mari.

Me. Le Roi, parle pour les parens maternels. Il soutient la justice de l'arrêt qui met Marie Joisel en liberté; et lui permet d'effacer, par l'honneur d'un second mariage, la honte et le malheur d'un premier engagement.

Conformément aux conclusions de M. l'avocat-général Talon, la cour, *ayant égard à la requête des parens maternels, les reçoit intervenans; sans s'arrêter à l'opposition des parens paternels*, *ordonne que l'arrêt du 29 janvier sera exécuté, et en conséquence passé outre, nonobstant l'opposition formée aux bans; condamne les opposans aux dépens, sans néanmoins que Marie Joisel puisse se pourvoir contre l'arrêt du 9 mars 1673, qui sera exécuté.*

Ce dernier arrêt est du 21 juin 1684.

LA FAUSSE TESTATRICE.

FRANÇOISE Fontaine, veuve d'André Forest, marchand à Bordeaux, est en proie à Paris à plusieurs aventuriers.

Lancelin, solliciteur, est le premier qui s'empare de son esprit, et qui met à profit la facilité qu'elle a d'être trompée : il lui extorque des donations qui sont déclarées nulles par arrêt. Brac, et la Gouache, gens, tous deux d'une même trempe, succédent à Lancelin ; et après avoir pris ascendant sur elle, ils lui surprennent différentes promesses, qui n'ont aucune cause que la violence qu'ils ont pratiquée. Mais, Quiersac enchérit sur ces maîtres fourbes : il l'enléve de l'estrapade où elle demeure, et la conduit dans une chambre voisine d'un appartement qu'il occupe dans la rue de Bourbon près de la porte saint-denis ; il ne lui permet que de voir ceux qui lui sont affidés ; il a tout le loisir de cultiver l'esprit de cette femme, et d'y jeter les semences qu'il veut.

Quiersac, fait faire à sa dupe une donation en faveur de Sampierre d'Arena, Genois, si étendue, qu'elle enveloppe toute la fortune de la donatrice, moyennant 1200 livres de pension viagère durant sa vie : elle a 83 ans. La convention secrete est, que Sampierre d'Arena donnera à Quiersac le tiers des biens donnés, et lui continuera et à une concubine qu'il entretient, après la mort de la donatrice, la pension de 1200 livres. Le dessein de Quiersac, n'est pas de faire subsister cette donation; c'est seulement une ébauche d'un plus grand projet, et un acte qu'il extorque en attendant mieux, ou, pour ainsi dire, c'est un pis aller. Il a en tête de suggérer un testament à la veuve, ce doit être le chef-d'œuvre de son iniquité. Lorsqu'il croit être bien le maître de l'esprit de cette femme, et qu'il en peut disposer au gré de sa cupidité, sans qu'elle puisse lui résister, ayant fasciné, pour ainsi dire, toutes les puissances de son âme, il lui fait prendre des lettres de rescision contre la donation faite à Sampierre d'Arena; les lettres sont entérinées, et la donation est anéantie par une sentence du châtelet. Sampierre d'Arena s'en rend appellant : c'est alors qu'il assure le tiers des biens donnés, à Quiersac par un billet du 3 mars 1727, et 1200 livres de pension viagère à lui et à sa femme de contrebande, après la mort de la veuve, et à la charge qu'il l'engagera à se désister de ses lettres de rescision ; ce qu'il ne fait point. Quiersac accepte cette sûreté, sans perdre de vue son dessein. La maladie qui attaque cette veuve le 9 mars, empire tellement le lendemain, qu'elle est hors d'état de faire un testament ; enfin elle meurt la nuit du 12 au 13, sans qu'on lui procure aucun secours spirituel.

Loin que la mort de cette veuve dérange les projets de Quiersac, il se roidit contre ce coup imprévu. Il forme le dessein de supposer la veuve Forest, et de la faire représenter par une fourbe, pour faire un testament où elle doit nommer un légataire qu'on lui indiquera.

Guillemette Rainteau, et Ranquinot procureur, sont les objets du choix de Quiersac pour conduire son intrigue. Ranquinot est dans le corps des procureurs, un de ces membres gâtés et paralytiques, qui ne font point leurs fonctions, et qui ne servent qu'à défigurer et déshonorer le corps qu'ils composent.

Guillemette Rainteau, femme d'un cocher, est dans le sein de l'indigence : elle n'est pas à l'épreuve de la tentation d'un grand crime, dès qu'on y joint l'appas de l'intérêt. On lui fait faire plusieurs répétitions de son rôle.

Les fourbes commencent par détruire le murmure sourd qui s'est répandu sur la mort de la veuve Forest; ils disent à tous ceux qui la demandent, qu'elle repose, et qu'elle ne veut pas être vue; et cependant, ils cherchent un notaire qu'ils puissent surprendre : ils jettent les yeux sur M.e Mahau. Ils apprennent que le sieur Verron de l'Isle est créancier légitime de la veuve Forest, ils lui annoncent qu'elle veut faire son testament : ils savent qu'il lui est dû une somme de 2400 livres dont il n'a point de reconnoissance; ils ajoutent qu'ils présument qu'elle rappellera cette somme dans son testament, qu'il est pourtant à propos de prévenir sur cela le notaire. Notre intérêt qui a l'art de nous réveiller, inspire au sieur Verron de l'Isle d'aller chez M.e Mahau. Quiersac et Ranquinot le suivent. Le notaire a avec eux une longue conférence.

L'on a soutenu » qu'on lui fit rédiger » tout le plan du testament; parce que » les fourbes avoient projeté que le » testament seroit apporté à la fausse » testatrice, qui n'auroit d'autre peine

» que de répondre *oui* aux interrogats » qu'on lui feroit : « on verra que les notaires ont prétendu qu'ils avoient dicté le testament.

Quoique la célérité soit très-nécessaire dans cette affaire, ils ne peuvent obtenir que le notaire se rende le même jour dans la chambre de la malade; la partie est remise au lendemain 15 de mars sur les neuf heures du matin. M.e Mahau est ponctuel, il amene avec lui M.e Gaudin.

» Ces notaires agissoient de bonne foi; » leur innocence a été pleinement justi- » fiée. «

Ils sont introduits par Quiersac et Ranquinot dans la chambre où est la comédienne; c'est la chambre de Quiersac. Elle a la face tournée vers la muraille, et donne toute son attention à bien jouer son rôle.

On a dit » que M.e Mahau parcourut » les legs pieux; et que la Rainteau, sui- » vant la leçon qu'on lui avoit faite, qui » n'étoit pas difficile à retenir, répondit à » chaque article *oui*, d'une voix tremblante » et mal assurée. «

Comme M.es Mahau et Gaudin n'avoient pas la moindre défiance, ils soupçonnèrent si peu le piége qu'on leur tendoit, qu'ils y donnerent tête baissée.

Après les legs pieux, vient un legs de 12 mille livres au profit de Quiersac. La testatrice, qui croit que le rôle qu'elle remplit lui donne la première place, déclare sur le champ qu'elle donne à Guillemette Rainteau trois mille livres: c'est elle-même.

On a également prétendu » que M.e » Gaudin, par un renvoi, ajouta à la » marge le legs qu'elle fit en sa faveur; » et qu'on continua la lecture du testament, » où Ranquinot étoit nommé légataire » universel, et exécuteur testamentaire. «

Le désistement des lettres de rescision contre Sampierre d'Arena, est révoqué dans un style tel qu'il le faut.

On dit encore » que M.e Gaudin » prenant la plume, fit encore quelques » renvois sur la première page, assez » peu importans : que l'écriture étoit » remarquable par la différence de l'encre » et de la plume: qu'il écrivit les vingt » et une dernières lignes qui font la clô- » ture ordinaire des testamens. «

La fausse testatrice se retournant vers un des notaires qui la veut voir, déclare avec une voix cassée et entrecoupée, qu'elle ne peut signer, à cause de son tremblement de main : les notaires dressent leur procès-verbal de cette déclaration.

On veut « que la scène n'ait duré que » demi-heure, après quoi les notaires » prirent congé de la testatrice, en lui » disant que si elle avoit besoin d'eux, » ils étoient à son service: qu'ensuite ils » se retirerent avec leur minute. »

Aussi-tôt, la mort de la veuve Forest est annoncée, le 16 mars 1727, quatrième jour de son décès; elle est inhumée, et le 19, Ranquinot fait son billet à Quiersac, portant promesse de lui donner moitié du legs universel; et de le partager avec lui à mesure qu'il en fera le recouvrement.

Le sieur Lurienne, héritier du sang, petit-neveu de la veuve Forest, qui réside à Saint-Quentin en Bretagne, n'apprend la mort de la veuve Forest que vers le mois de septembre de la même année. Les fourbes s'applaudissent de l'heureux succès de leur stratagême.

Les affaires du sieur Lurienne ne lui permettant pas de venir, il envoie sa mère à sa place, munie de sa procuration. Arrivée à Paris, elle découvre toutes ces intrigues criminelles; elle rend plainte, qui est suivie d'une information, sur laquelle, Quiersac et sa femme, qui a contracté avec lui une figure de mariage, Ranquinot et la Rainteau, sont décrétés de prise de corps; les deux notaires avec Sampierre d'Arena, d'ajournement personnel. Les notaires obtiennent un arrêt de défense; mais ils sont renvoyés au châtelet en état d'être assignés pour être ouis.

Des quatre décrétés de prise de corps, les trois premiers prennent la fuite; la contumace est instruite, l'absence des fugitifs fait la conviction de leur crime.

La Rainteau, arrêtée, avoue son crime dans son interrogatoire.

Le défenseur de l'héritier du sang, implique dans le procès les deux notaires. Il dit que la Rainteau leur a soutenu qu'ils ont apporté le testament tout fait. Il demande une réparation, eu égard à leur contravention aux loix qui leur sont prescrites, et qui ne leur permettent pas de faire des testamens hors la présence des testateurs, sans se rendre coupables du crime de faux.

Ceux-ci soutiennent, qu'ils ont employé une heure à rédiger le testament sous la dictée de la fourbe; qu'ils n'ont pas eu la moindre méfiance du tour qu'on leur a joué; et que, quant aux observations qu'on a fait sur les différentes plumes et les différentes écritures dont on a écrit, on a parlé sans fondement, puisqu'on n'a point constaté l'état du testament.

La sentence du lieutenant-criminel du 21 avril 1728, *déclare le testament faux et supposé, condamne Ranquinot, Quiersac et sa femme, et Guillemette Rainteau, à faire amende honorable au parc civil du châtelet, l'audience tenant, nuds pieds et en chemise, la corde au col, ayant ladite Rainteau écriteaux devant et derrière portant ces mots :* testatrice supposée; *tenant chacun entre leurs mains une torche ardente de cire jaune du poids de deux livres; ce fait, ladite Guillemette Rainteau et ladite femme Quiersac, bannies pour neuf ans de la ville, prévôté et vicomté de Paris, chacune en vingt livres d'amende envers le roi, et lesdits Ranquinot et Quiersac, conduits et attachés à la chaîne, pour y servir comme forçats, le temps et espace de neuf ans, préalablement flétris au-devant de la porte des prisons du grand châtelet d'un fer chaud en forme des lettres F. L. sur l'épaule droite, et lesdits Ranquinot, Quiersac, sa femme, et Guillemette Rainteau, solidairement en deux mille livres de réparations civiles, dommages et intérêts envers Claude-André Lurienne, et aux dépens; lesdits Antoine Mahau, et Mathieu Gaudin, Charles*

Verron de l'Isle, et Jean-Augustin Sampierre d'Arena, déchargés des plaintes, demandes, et accusations contr'eux intentées par ledit Claude-André Lurienne, lequel est condamné aux dépens envers eux; les requêtes et mémoires dudit Lurienne supprimés, et permis auxdits Gaudin et Mahau de faire imprimer, publier et afficher ladite sentence où besoin sera.

Voici l'arrêt qui a été rendu.

La cour, *en tant que touche l'appel interjeté par ladite Guillemette Rainteau de ladite sentence, met l'appellation au néant; ordonne que ladite sentence de laquelle a été appellé sortira effet; condamne ladite Rainteau en l'amende ordinaire de 12 livres et aux dépens de la cause d'appel; et sur l'appel interjeté par Lurienne de la même sentence, ayant aucunement égard à sa requête, et pareillement égard à celle de Sampierre d'Arena, et sans avoir égard à la requête de Mahau et Gaudin, met l'appellation et sentence de laquelle a été appellé au néant, en ce que lesdits Gaudin et Mahau sont déchargés de l'accusation, ledit Lurienne condamné aux dépens vers lesdits Mahau et Gaudin, et que ladite sentence seroit imprimée, lue, publiée, et affichée: émandant quant à ce, sur l'accusation intentée contre lesdits Mahau et Gaudin, met les parties hors de cour et de procès, dépens à cet égard compensés, la sentence au résidu sortissant effet.*

Cet arrêt est du 11 mai 1728.

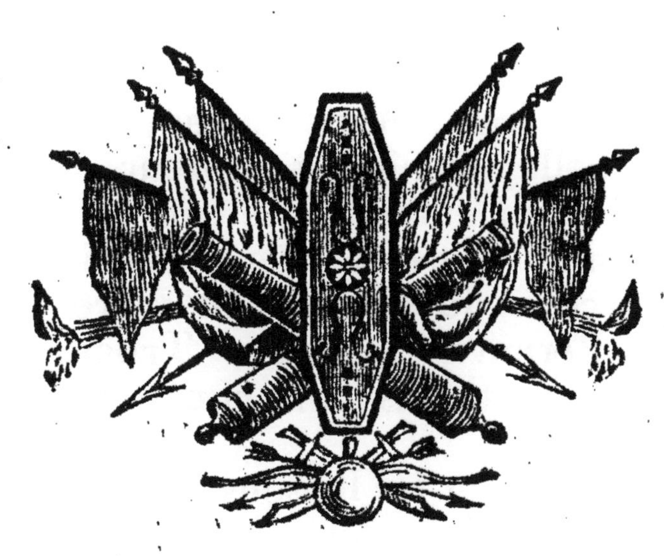

ENFANT

Réclamé par deux mères.

MARGUERITE Revel, femme de Guillaume Brunot, maître cordonnier, accouche le 14 novembre 1722, d'un enfant mâle qui est baptisé le lendemain dans la paroisse de saint-louis, qui est celle de ses père et mère, et est nommé Michel Brunot.

Le même jour, Anne Lucas, femme de René Troëlle, maître sculpteur, accouche aussi d'un enfant mâle qui est baptisé le lendemain dans la même paroisse, qui est aussi celle de ses père et mère, et est nommé Bernard-François Troëlle. Ces deux mères ont dans leurs couches la même sage-femme.

Le voisinage et les liaisons qui sont entre ces deux familles, leur ont fait projeter ensemble de mettre ces deux enfans en nourrice dans le même endroit ; on á pris des mesures pour les placer à Richeville en Normandie, qui est à 18 lieues de Paris.

Si-tôt que celle qui doit les conduire est arrivée chez Brunot, on va chercher l'enfant de Troëlle qui est apporté chez le premier, et remis à cette conductrice, que l'on appelle vulgairement *Meneuse*.

Brunot a la précaution de marquer la couverture qui est sur son enfant, en y attachant un petit morceau de cuir, pour mettre la *Meneuse* en état de le distinguer; on ne voit point que le sculpteur ait eu aucune idée pareille. Les deux enfans sont conduits à Richeville.

C'est dans le temps de la remise des enfans aux nourrices, que l'on prétend que l'on a commis une équivoque, et que l'on a confondu l'un avec l'autre, en remettant à la nourrice l'enfant de Troëlle, comme si c'eût été celui de Brunot, et en donnant à l'autre nourrice celui de Brunot à la place de l'enfant de Troëlle.

L'enfant remis à la nourrice comme celui du sculpteur, ne vit que 17 jours, et est inhumé à la paroisse de Richeville. Voici l'extrait mortuaire qu'il est important de rapporter.

» Le 2 décembre 1722, mourut, et
» le 3 dudit mois fut inhumé Bernard-
» François Troëlle, fils de M.e Troëlle
» sculpteur dans l'isle s.t louis, à Paris,
» âgé de 17 jours, lequel enfant étoit

» en nourrice chez le nommé Claude le » Cercle, notre paroissien, laquelle inhu- » mation a été faite par nous, etc. »

On renvoie à la femme de Troëlle la dépouille de l'enfant décédé, c'est-à-dire, toutes les hardes qui composoient sa layette : elle y trouve un bonnet usé et marqué d'un G ; cela lui donne lieu de présumer que son enfant n'est point mort. Sur cette idée elle va chez Brunot, et dit à sa femme qu'elle ne croit pas que son enfant soit mort, parce que parmi les hardes, elle a trouvé un bonnet différent de celui qu'elle a donné à son enfant.

La Brunot répond qu'elle ne reconnoît point le bonnet dont elle lui parle pour être le sien, et que, si elle veut éclaircir ses doutes, elle peut se transporter sur les lieux, et se faire instruire.

Brunot, quatre ou cinq mois après, fait changer de nourrice à son enfant, il lui en donne une qui demeure à Boisemond qui est à une lieue de Richeville, où il demeure pendant deux années sous les yeux du curé de la paroisse, qui est le cousin de la Brunot ; après ce temps-là, l'enfant revient chez Brunot.

L'histoire que la Troëlle a fait dans le quartier, de la confusion des enfans qu'elle attribue à la *Meneuse*, a trouvé créance dans les esprits. Elle va chez la Brunot, extrêmement animée, et elle s'écrie en voyant l'enfant, *voilà mon enfant, rendez-le moi !* La populace a tellement pris les impressions que la Troëlle lui a donné, qu'elle insulte Brunot et sa femme, qui, pour se mettre à l'abri des suites de cette opinion, rendent plainte par-devant un commissaire, contre Troëlle et sa femme, à cause des bruits qu'il répandent.

Le 19 septembre 1726, ils les font assigner par-devant le lieutenant-criminel du châtelet. « Aux fins de la plainte, et » pour voir dire que défenses leur seront » faites de les insulter à l'avenir, et tenir » des discours et semer des faux bruits » dans le public au sujet de l'état de leur » enfant; qu'ils seront condamnés à don- » ner un acte par lequel ils reconnoîtront » le contraire.

Il intervient sentence par défaut le 18 septembre, *qui fait défenses à Troëlle et sa femme de plus à l'avenir méfaire ni médire à Brunot et sa femme sous telles peines qu'il appartiendra, et condamne Troëlle et sa femme aux dépens.*

Enfin, ceux-ci assignent leurs adversaires le 14 janvier 1727, au parc civil du châtelet. « Pour voir dire que Bernard-

» François Troëlle, auquel ils ont donné » la naissance le 14 novembre 1722, et » baptisé le lendemain 15 en la paroisse » de s.t louis, que Brunot et sa femme » retiennent dans leur maison, leur sera » rendu, et qu'il leur sera permis de l'en » retirer.

On fait subir deux interrogatoires au sculpteur et à sa femme. Le cordonnier et sa femme sont également interrogés.

Le sculpteur et sa femme obtiennent une sentence par défaut, qui prononce conformément à leurs conclusions, et condamne leurs parties à leur remettre l'enfant qu'ils demandent, et leur permet de le retirer de la maison où ils disent qu'il est détenu. Brunot et sa femme interjettent appel : leurs parties sentent alors que ce sera s'écarter de la voie qu'ils doivent suivre, s'ils demandent purement et simplement que la sentence soit confirmée ; mais ils requierent qu'il leur soit permis de faire preuve que l'enfant actuellement vivant est le même dont la Troëlle est accouchée le 14 novembre 1722. Il s'agit de savoir si, dans l'état de cette cause, cette preuve doit être admise.

M.e Forestier, avocat du sculpteur et de sa femme, raconte le fait de sa cause, et la procédure. Il rappelle les signes qu'il dit que la Brunot a employés pour distinguer son enfant, le bonnet de laine marqué d'un G, la couverture brûlée par un coin, les langes cousus avec un gros fil de cordonnier, et le petit morceau de cuir qui y est attaché.

Il établit ensuite deux propositions, afin de fonder la preuve testimoniale qu'il demande.

La première, qu'en général, l'extrait mortuaire d'un enfant n'est pas un obstacle à la preuve par laquelle on montre que celui que l'acte atteste avoir été enterré est vivant.

La seconde, que, quand même l'extrait mortuaire dont il s'agit formeroit quelques nuages, l'interrogatoire des parties adverses fournit des commencemens de preuves par écrit suffisans pour les écarter, et faire admettre la preuve testimoniale.

M.e Buirette, avocat de Brunot et de sa femme, discute les faits qui forment le systême de la défense de ses abversaires. Il observe que tous ces faits peuvent se réduire à deux faits principaux, le changement du bonnet, et celui de la couverture. Il dit que le bonnet changé n'est pas celui de l'enfant de Brunot, qu'on demande donc inutilement à prouver qu'il étoit sur la tête de l'enfant mort à Richeville. Il ajoute que la couverture est un fait ajouté après coup, pour augmenter l'incertitude où l'on veut jetter tout le monde. Il soutient que ses adversaires n'ont allégué d'abord que le changement de bonnet: que, quand même ce changement se seroit trouvé, on n'en peut tirer la conséquence de la confusion des personnes, puisque toutes les hardes qui approchent le plus près du corps de l'enfant sont restées à Troëlle et sa femme. Que ces deux faits écartés rompent la chaîne de tous les autres, et que le systême tombe en ruine.

Il établit ensuite le principe général sur lequel tout le monde est d'accord, et qui doit, dit-il, faire la décision de la cause; ce principe est, que la preuve testimoniale ne peut jamais être admise contre une preuve par écrit, telle que sont les registres baptistaires et mortuaires, auxquels les législateurs se sont attachés de donner une forme exacte, pour en faire respecter l'authenticité; que cette preuve par écrit est celle que les ordonnances prescrivent, et contre laquelle elles ne veulent point écouter de preuve vocale; et que, tant que cette preuve littérale est entière et n'est point détruite, il n'est point permis d'en reconnoître d'autre.

L'arrêt rendu conformément aux conclusions de M. Talon, avocat-général, *met l'appellation, et ce dont a été appellé au néant; emendant, sur les requêtes des parties de Forestier, met les parties hors de cour; en conséquence, ordonne que l'enfant dont est question appartiendra à Brunot et sa femme, dépens néanmoins compensés.*

Cet arrêt est du 11 juillet 1727.

ÉPREUVE

Qui tendoit à casser le mariage, abolie comme contraire aux bonnes mœurs.

LE 2 avril 1653, messire Réné de Cordouan, chevalier, marquis de Langéy, majeur de vingt-cinq ans, épouse demoiselle Marie de Saint-Simon de Courtomer, âgée de treize à quatorze ans.

Les commencemens de ce mariage sont heureux; mais, au bout de quatre années, cette parfaite intelligence s'éteint. On soupçonne plusieurs causes de ce changement. L'inconstance d'une femme; le chagrin de ne se point voir mère; et la découverte qu'on prétend qu'elle a fait d'une disgrace naturelle à son mari; découverte qui n'a été faite, dit-on, qu'au retour d'une campagne du marquis de Langey en Catalogne.

La demoiselle de Saint-Simon, devenue plus clairvoyante, l'accuse d'impuissance, et porte sa plainte par-devant le lieutenant civil du châtelet, parce que les parties sont de la religion prétendue réformée. Le juge nomme des experts pour le visiter ; les experts font la visite, et déclarent par leur rapport qu'il est tel qu'il doit être pour contracter mariage ; mais la demoiselle de Saint-Simon prétend que son état n'est pas celui d'une femme unie avec un véritable mari, mais avec un homme disgracié, dont elle a souffert les efforts.

Le marquis de Langey, pour sauver son honneur, demande le congrès. Le juge l'ordonne. Appel de la sentence par la demoiselle de Saint-Simon. L'appel porté dans la chambre de l'édit, il y a évocation du principal : arrêt interlocutoire intervient, qui confirme la sentence.

Pour exécuter l'arrêt, on choisit la maison d'un nommé Turpin, baigneur. Là, toutes les formalités sont observées : cinq médecins, cinq chirurgiens et cinq matrones y assistent. Soit que le marquis de Langey ait l'imagination troublée par la honte de cette épreuve, ou qu'il ne puisse pas obtenir de la nature les secours nécessaires, il ne réussit pas dans son entreprise. Il rejette la cause de ce succès sur sa femme, qui lui a inspiré un ressentiment qu'il n'a pu vaincre. Il allégue même qu'on s'est servi contre lui de maléfice. Il demande une seconde épreuve.

Par arrêt définitif, la cour, *sans s'arrêter à sa demande, déclare son mariage nul; le condamne à rendre la dot et tous les fruits depuis la célébration : compense les dommages et intérêts avec la nourriture; lui fait défense de contracter aucun mariage, et permet à la demoiselle de Saint-Simon de se remarier.* L'arrêt est du 8 février 1659.

Le lendemain, le marquis de Langey fait des protestations devant deux notaires; et soutenant que toute l'autorité de la cour ne peut pas changer son état, il déclare que, nonobstant les défenses qui lui sont faites de se remarier, il contractera mariage ainsi et quand il le jugera à propos.

Cependant, on l'oblige d'exécuter l'arrêt pour les restitutions auxquelles il est condamné. Il présente son compte à la chambre de l'édit, et ensuite à la troisième des enquêtes, après la suppression de la chambre de l'édit.

La demoiselle de Saint-Simon, autorisée par son arrêt, contracte mariage avec messire Pierre de Caumont, marquis de Boësse, dont sont issues trois filles.

En même-temps, le marquis de Langey se marie avec demoiselle Diane de Montault de Navaille. Leur mariage est suivi de la naissance de sept enfans, témoins irréprochables, à cause de la vertu de leur mère.

En 1670, la marquise de Boësse meurt à Paris après avoir fait un testament par-devant notaires, portant cette clause: » veut la testatrice, que l'on termine » par accommodement le procès indécis » en la troisième des enquêtes, entre » elle et messire Réné de Cordouan, » marquis de Langey; qu'on le régle par » l'avis seul du sieur Caillard, avocat au » parlement, auquel elle a déclaré ses » volontés, qu'elle veut et entend être » suivies et exécutées de point en point, » sans qu'on y puisse contrevenir, sous » quelque prétexte que ce soit.

En 1673, survient la mort du sieur Caillard, sans avoir rien terminé.

Le 3 août 1675, le marquis de Langey, et dame Diane de Montault sa femme, obtiennent arrêt sur requête, qui porte, conformément aux conclusions de M. le procureur-général, permission de faire célébrer de nouveau leur mariage. Cela est exécuté.

Le 7 septembre de la même année, le marquis de Langey prend des lettres en forme de requête civile contre l'arrêt définitif de 1659, qui a prononcé la nullité de son premier mariage, et contre six autres arrêts rendus en conséquence, sur la reddition du compte des biens de sa première femme. Il fait insérer dans les lettres la clause de restitution contre tous les actes approbatifs qu'il peut avoir consentis.

L'affaire portée à l'audience de la grand'chambre, au rôle des jeudis, M.e Pageau plaide pour le marquis de Langey, demandeur en requête civile: M.e Blondeau pour dame Diane de Montault de Navaille, femme du marquis de Langey, et pour un curateur créé à leurs enfans, parties intervenantes et opposantes à l'exécution des arrêts : M.e Chardon pour le marquis de Boësse, défendeur en requête civile: et M.e Nouet pour un curateur créé aux enfans du marquis de Boësse, et de dame Marie de Saint-Simon.

Pendant une plaidoirie de onze audiences, on examine plusieurs difficultés de fait et de droit.

Le marquis de Boësse et le tuteur de ses enfans, soutiennent que le marquis de Langey est non-recevable en sa prétention. Ils opposent quatre sortes de fins de non-recevoir à sa réclamation.

1.° Les arrêts intervenus contre lui.

2.° Les actes approbatifs qu'il a consentis.

3.° Le long-temps qu'il a laissé écouler sans se pourvoir contre les arrêts.

4.° L'état présent où les choses sont réduites.

Le marquis de Langey et consors, disent au contraire, qu'il est puissant; que cette vérité est constante par la visite avantageuse, non-seulement de sa personne, mais encore de celle de la dame de Saint-Simon, et sur la foi de laquelle seule on devoit confirmer leur mariage: que la dame de Saint-Simon l'a justifié par son testament; qu'elle n'a pu lui refuser son suffrage, après avoir surpris celui des juges, en voulant elle-même qu'on accommode le procès; et que, par ces raisons, le marquis de Langey, la dame son épouse et ses enfans, sont toujours recevables à se plaindre des arrêts qui ont condamné le marquis de Langey comme impuissant.

L'arrêt intervenu sur ces diverses contestations, *reçoit la partie de Blondeau, partie intervenante ; et sans s'arrêter à ladite intervention, déclare les parties de Pageau et Blondeau non-recevables en leurs lettres en forme de requête civile et opposition ; et néanmoins ordonne que toutes les sommes adjugées par les arrêts, contre lesquelles les parties de Pageau et de Blondeau se sont pourvues, demeureront réduites à celle de soixante-cinq mille livres, tant pour les principaux, et toutes sommes liquidées, et à liquider, dépens, et généralement pour toutes les prétentions des parties de Chardon et de Nouet ; condamne la partie de Pageau en l'amende, tant envers le roi, que les parties ; dépens de la présente cause compensés. Et faisant droit sur les conclusions du procureur-général du roi, fait défenses à tous juges, même à ceux des officialités, d'ordonner à l'avenir, dans les causes du mariage, la preuve du congrès. Ordonne que le présent arrêt sera lu, publié et enregistré au châtelet de cette ville de Paris, et envoyé aux bailliages, sénéchaussées et officialités du ressort, pour y être pareillement, lu, publié et enregistré. Enjoint aux substituts du procureur du roi, sur les lieux, et aux procureurs dudit seigneur en cour ecclésiastique, d'y tenir la main, et d'en certifier la cour dans le mois.*

Cet arrêt est du 18 février 1677.

CHANOINE,

Qu'on refuse d'admettre, à cause de la petitesse de sa taille.

UN canonicat de l'église de Verdun vaque par la mort du sieur Thomassin : le sieur Houvet, chanoine, qui est dans la semaine où il doit nommer à son tour, jette les yeux sur le sieur Duret son neveu, le 11 septembre 1733. Ce choix alarme les autres chanoines. Ce ne sont ni les mœurs, ni le caractère du nommé, qui les indisposent; il est d'une petite taille, et a une jambe tortue; c'en est assez pour révolter leur imagination délicate, jusqu'au point qu'ils l'appellent en plein chapitre un homme scandaleux. Cette expression marque combien leur esprit est frappé. Ils croient que la disgrace d'un tel confrère réjaillira sur eux.

Le chapitre résout d'écrire à l'archevêque de Paris, qui a tonsuré le sieur Duret, et d'écrire à l'évêque de Verdun pour lui demander sa protection, dans le dessein où ils sont de ne point recevoir le sieur Duret. Le sieur Bourc croit qu'il est bien fondé à jetter sur le bénéfice un dévolu. Le roi lui en accorde le brevet. Cet incident fait évoquer l'affaire au grand conseil. Les réponses que les prélats font au chapitre, ne favorisent pas son opinion. Les avocats qu'ils consultent, ne décident pas au gré de leur désir : ni les prélats, ni les avocats n'imaginent et ne pensent point comme eux. Le chapitre se détermine à plaider au grand conseil.

La cause ayant été plaidée en plusieurs audiences, l'avocat du chapitre, dit que le choix du sieur Duret a surpris et en même-temps scandalisé ses parties. Que le sieur Houvet, chanoine de Verdun depuis quarante-trois ans, ne doit pas ignorer la discipline du corps dont il a l'honneur d'être membre. Que le sieur Duret son neveu, est un sujet disgracié de la nature, qui n'a jamais pu faire aucun progrès dans les études, qui n'a jamais été que jusqu'en troisième, et que son oncle l'a lui-même jugé si peu propre à l'état ecclésiastique, qu'après avoir tenté inutilement de le faire étudier, il l'a mis à Paris en apprentissage chez un maître boutonnier, où il a travaillé pendant trois ans, et où il étoit encore au moment de la mort du sieur Thomassin.

De bonne foi, poursuit-il, convient-il au sieur Houvet de tirer ce neveu de la boutique d'un boutonnier, pour le faire tonsurer au mois d'août 1733, afin de le transplanter, par une métamorphose inouie, dans le sanctuaire de Verdun, et pour lui donner place parmi les chanoines de cette cathédrale ?

Il rapporte ensuite la conclusion capitulaire, dont l'appel comme d'abus est soumis à la décision du grand conseil; dans cette conclusion sont renfermés les motifs de leur refus. Les voici :

Le sieur Duret est d'une difformité des plus frappantes; chaque chanoine, suivant les règles de l'église de Verdun, étant obligé de faire les fonctions attachées à son état, il ne peut s'en acquitter avec décence. Le sieur Duret est peu propre à l'état ecclésiastique. Ils disent qu'une pareille nomination, tant par rapport à la figure du sieur Duret, qu'à cause de l'état où il a passé, fait injure au chapitre, qu'elle est peu conforme aux canons, et à la pureté des saints décrets.

A l'égard de la seule difformité, ils disent qu'ils ont déjà refusé, par cette raison, un pourvu; qu'il y a eu un pareil usage dans l'église de Toul, qui a été confirmé par arrêt.

Leur avocat dit, que cette délibération ne renferme aucune contravention aux saints canons, ni aux loix du royaume, et n'a pour objet que de maintenir dans l'église de Verdun une discipline constante et invariable, qui consiste dans l'adoptation de la disposition précise et littérale du lévitique, chap. 21, ℣. 16 et suivans.

Il parcourt ensuite les preuves qui constatent la discipline de l'église de Verdun, conforme au lévitique, sur l'exclusion des sujets défectueux.

Il prétend ensuite prouver par des exemples, que la même discipline régne dans les chapitres de Metz et de Toul, et dans deux chapitres de Trèves.

Il continue, en disant que quelqu'artifice que le sieur Duret emploie pour cacher sa difformité, on apperçoit du premier coup d'œil, qu'il est entièrement disgracié de la nature.

Le sieur Duret présente l'analyse de la conclusion capitulaire, qui renferme le refus qu'on lui fait de le recevoir au nombre des chanoines.

A l'égard de la difformité frappante qu'on lui attribue, il dit que ce reproche lui est fait sans fondement; qu'il est de petite taille, mais qu'il n'est point nain, qu'il ne boite point, et n'a aucun défaut au visage, ni aux mains, ni aux jambes.

Que les défauts corporels, qui portent l'exclusion pour les ordres et les bénéfices, sont fixés par le droit, et détaillés par les auteurs; qu'il n'est pas loisible de les étendre à son gré. Il cite ces défauts, dans lesquels il fait voir qu'il n'est point question de la petite taille, qui n'a jamais été réputée ni irrégularité, ni incapacité.

Qu'on ne peut le refuser, puisque son archevêque, seul juge à qui il appartient de connoître de ces matières, l'a jugé capable de recevoir la tonsure, et d'entrer dans le clergé.

Que dans l'église de Verdun, il est constant que les chanoines ne sont plus obligés de faire le service du chœur par eux-mêmes; et que, quant au service de l'autel, il leur a toujours été permis de jetter les yeux sur des confrères, pour remplir leur place. Il rapporte les statuts et l'usage de ce chapitre qui le prouvent, et dont il tire plusieurs conséquences décisives.

Que l'assistance à l'office divin, étant la principale partie du devoir d'un chanoine, l'essence de son état, et la forme de sa profession; celui qui est habile pour remplir ce devoir, ne peut être regardé comme incapable de remplir ces fonctions, quand même il ne pourroit pas remplir les autres.

Qu'il y a une classe de chanoines clercs, dits acolythes, dans l'église de Verdun, qui ont leurs fonctions marquées, savoir de porter la croix aux processions; qu'on ne doit pas exiger dans un clerc d'autres capacités que celle de remplir cette fonction qui lui est attachée par les statuts; que les prébendes n'étant point sacerdotales, il est libre à un chanoine de rester dans l'état de clerc toute sa vie : auquel cas il n'aura besoin que de la capacité de porter la croix, de chanter l'office, et de lire une leçon au chœur; et qu'ayant cette capacité, il a ce qu'il lui faut pour exercer les fonctions de son bénéfice.

Qu'on a vu de tout temps, dans le chapitre de Verdun, comme dans les autres, des boiteux, des borgnes, et des personnes difformes, auxquelles on n'a point apporté d'obstacle.

Le sieur Duret soutient ensuite, qu'il n'a pas quitté ses études absolument; il dit qu'il les a discontinuées dans le collége où il y vaquoit, mais qu'il les a continuées sous un maître qui l'a enseigné;

qu'ainsi, sans quitter les études, il a seulement changé de maître.

Il finit, en disant que les règles particulières, et la fondation du chapitre de Verdun, ne formant aucune exception qui soit relative à la roture, on ne peut pas dire qu'une profession honnête, exercée avant d'être clerc, soit injurieuse à une église, ou à un chapitre.

La cause du sieur Houvet collateur, étant celle du sieur Duret, on n'usera point de redite.

Comme le droit du sieur Bourc, brévetaire en dévolu, n'est pas solide, il est superflu de dire les raisons qui le détruisent.

L'arrêt du grand conseil, *déclare qu'il y a abus dans le refus du chapitre; déboute le dévolutaire, maintient le sieur Duret, et condamne le chapitre aux dépens.*

Cet arrêt est du 31 décembre 1734.

PROCUREUR FISCAL,

Convaincu de subornation de témoins, et de prévarication.

FRILLET, procureur fiscal des terres de Treffort et de Varambon, est un de ces honnêtes corsaires de campagne, qui mettent les paysans à contribution, sous prétexte d'exiger leurs droits. Il est notaire, commissaire à terrier, receveur des droits seigneuriaux, et procureur fiscal; il exerce ses brigandages sous le manteau d'officier de justice respectable aux paysans, qui l'envisagent comme une espèce de magistrat: cette sangsue ne se nourrit pas d'un sang gâté et corrompu, mais du sang le plus pur des habitans de la campagne. Il s'est tellement engraissé de leur substance, qu'on le dit riche de cinquante mille écus. Avide, cruel, vindicatif, il fait servir toutes ses passions à la première, et il n'inspire n'inspire de la crainte et du respect, qu'afin de pouvoir satisfaire impunément sa cupidité aux dépens des paysans; en un mot, c'est un de ces hommes que Dieu ne tolére dans les villages, que pour punir les péchés de ceux qui les habitent; leur cœur et leur esprit semblent être formés pour le métier qu'ils exercent; s'ils ne les ont pas reçus tels de la nature, l'art les leur a façonné pour l'usage qu'ils en font.

Frillet se pare auprès des seigneurs de Treffort et de Varambon, d'un grand zèle pour leurs intérêts: il les engage à susciter un procès à Joseph Vallet, maître d'une tuilerie, qui a enlevé des pierres et des cailloux dans le lit et rivage de la rivière d'Ain pour l'usage de sa tuilerie.

L'on passe une transaction par-devant notaires, le 23 novembre 1704, entre les seigneurs de Varambon, et Joseph Vallet. On voit dans cette transaction, que ces seigneurs ont demandé au procès dans leurs conclusions, » que défenses » soient faites aux Vallet de prendre, ni » faire prendre des pierres et cailloux » dans le lit et rivage de la rivière » d'Ain, pour les faire cuire, et ré-

» duire en chaux dans leur tuilerie ;
» attendu que le lit et rivage, et les
» cailloux y étant, appartiennent aux
» seigneurs, qui en souffrent un notable
» préjudice, en ce que les cailloux
» deviennent plus rares, pour la four-
» niture des tuileries des seigneurs, ce qui
» empêche le débit de la chaux qui en
» provient. «

La tuilerie de Joseph Vallet, où les tuiles sont mieux façonnées qu'ailleurs, excite la jalousie des autres tuiliers, et fait naître à Frillet l'envie de la posséder, et de l'avoir à bon marché. On prétend que ce dessein a été l'âme de la persécution qu'il a fait essuyer à Joseph Vallet, et de la trame par lui ourdie pour faire succomber son innocence, parce qu'il lui a suscité et à sa famille deux chefs d'accusation : il a accusé Joseph Vallet d'avoir tué Antoine Duplex, et il a accusé lui et sa famille d'avoir ôté la vie à Joseph Sevos, tous deux habitans de la paroisse de Priay, dans la Bresse.

On avoit inspiré au sieur Ravet, procureur fiscal du Pont-d'Ain, prédécesseur de Frillet, qu'Antoine Duplex avoit reçu des blessures qui avoient contribué à sa mort arrivée le 25 mars 1705 ; et que Pierre et Claude-Philibert Blondel frères, et Joseph Vallet, l'avoient battu. Le sieur Ravet avoit demandé, sans autre examen, permission au juge d'informer; elle lui avoit été accordée.

Le lendemain, le juge du Pont-d'Ain s'étoit transporté en la maison d'Antoinette Cachet, veuve d'Antoine Duplex : il lui avoit fait faire la lecture de la plainte du procureur d'office, et l'avoit interpellée de déclarer si elle vouloit aussi donner sa plainte, ou se rendre dénonciatrice.

Cette veuve avoit répondu qu'elle ne pouvoit prendre ce parti, sans intéresser sa conscience; parce que son mari ne s'étoit jamais plaint d'avoir été maltraité ni par les Blondel, ni par Joseph Vallet; qu'il étoit mort de sa mort naturelle, et d'une pleurésie qu'il avoit pris en travaillant à journées, en portant des terres dans les vignes du curé de Priay; ainsi, qu'elle ne prenoit aucune part à la plainte du procureur d'office sur ce sujet.

Cette déclaration avoit été rédigée par le greffier; cependant on avoit informé, il n'y avoit eu aucune charge dans l'information contre les accusés. Le procureur fiscal avoit cru malgré cela, qu'il devoit décréter les accusés d'ajournement personnel. La procédure étant achevée, le juge du Pont-d'Ain avoit prononcé l'absolution des accusés.

Frillet a succédé au sieur Ravet, qui s'est démis de son office.

On voit bientôt que l'autorité que lui donne sa commission, est un couteau entre les mains d'un furieux; il imagine que le sieur Ravet est de la même trempe que lui, et qu'il a été corrompu par Joseph Vallet et les frères Blondel; et que, pour le prix de sa corruption, il a fait entendre des témoins qui ont déchargé les accusés. Sur la plainte que Frillet rend, par le grand crédit qu'il a auprès du juge, il fait tellement violence à sa justice, qu'il fait condamner le sieur Ravet aux galères perpétuelles. Cet accusé ayant appellé, est renvoyé par le parlement de Dijon par-devant le juge de Saint-Rambert; il a une absolution plenière. Frillet interjette appel *à minimâ* au parlement, qui confirme la sentence du juge d'appel, et renvoie le sieur Ravet par-devant le juge de Saint-Rambert, pour faire droit sur ses dommages et intérêts. Le sieur Ravet meurt avant le jugement du procès.

Le samedi 19 février 1724, Antoine Pin, assassine Joseph Sevos d'un grand coup de serpe. Il lui prend quarante écus qu'il lui trouve, et croyant l'avoir tué, il se retire dans la Dombes, voisine de la Bresse. Il s'engage ensuite dans le régiment de la Sarre.

Le mardi suivant, Joseph Sevos, dont la blessure n'est pas mortelle, rend sa plainte à Frillet, il lui raconte toutes les circonstances de l'assassinat, et il n'oublie pas le vol que l'assassin lui a fait. Frillet entrevoit alors qu'il peut rejetter ce meurtre sur Joseph Vallet; n'ayant qu'ébauché ce dessein légérement dans sa tête, il y donne la dernière main. Il détourne Joseph Sevos de faire des poursuites, en lui disant : » Que feras-tu à » Pin, c'est un misérable; si tu le ren- » contre quelque part, tu le connois, » il te tuera; va-t-en tant que terre te » portera. « Comme Sevos a une profession, des héritages, une maison et des amis, on soupçonne qu'il n'auroit pas quitté le pays, s'il n'eût reçu de l'argent de Frillet, et des autres ennemis de Vallet. Quoi qu'il en soit, Sevos disparoît entièrement, sans qu'il laisse aucun vestige de son départ, et qu'on sache où il a dirigé ses pas : cela donne lieu au bruit qui se répand qu'il a été assassiné par Antoine Pin, que l'on sait s'être réfugié en Dombes, et avec lequel on l'a vu tout le jour 19 février ; mais, les émissaires de Frillet ont l'adresse de substituer, dans les histoires qu'ils font, les Vallet au véritable assassin, et de leur en faire jouer le rôle odieux. Il s'attache à gagner plusieurs témoins, auxquels, suivant leur portée, et le degré de leur esprit, il dicte les dépositions qu'ils sont capables de soutenir. Dès qu'ils sont formés et préparés, il rend sa plainte le 19 août 1724, six mois après que Sevos a été assassiné. Il expose : » que » Sevos, après avoir bu et mangé chez » Joseph Vallet, le samedi 19 février » 1724, a disparu depuis ce temps-là. » Qu'il a oui dire qu'il a été assassiné, » et enterré près l'emboudhure du four » de la tuilerie de Vallet, et qu'ensuite » il a été jetté dans le feu quelque temps » après, lors de la cuisson des premiers » matériaux. «

Sur son requisitoire, le sieur Ravier, juge du Pont-d'Ain, permet d'informer ; dans cette information on entend Vaudan, qui dépose comme témoin oculaire, et témoin auriculaire.

Frillet a pour émissaires, Claude Maurice cabaretier, et Joseph Mallet garde des bois des seigneurs de Varambon, qui ont corrompu Vaudan. Frillet sauve les apparences, afin de ne point donner atteinte au dehors de vertu qu'il affecte : il ne se présente pas aux témoins sous l'idée de leur suborneur, il fait agir ses émissaires qui en jouent le rôle odieux.

Pour donner à la déposition de Vaudan un degré de force invincible, il fait assigner d'autres malheureux, qui chargent les Vallet. Sur cette information, toute la famille des Vallet est décrétée ; c'est-à-dire, le père, la mère, et les deux fils.

Frillet fait exécuter ce décret avec l'appareil le plus imposant qu'il peut imaginer, et avec la plus grande rigueur. Il envoie la brigade de la maréchaussée de Bourg, secondée par les domestiques des sieurs de Varambon, qui enlévent cette famille dans sa maison, qu'on abandonne ensuite au pillage, sans faire un inventaire des effets, ni y établir un gardien solvable. Les Vallet sont conduits aux prisons du château du Pont-d'Ain. Frillet les fait mettre aux cachots, les fers aux pieds et aux mains.

Le même jour qu'ils sont arrêtés, ils sont interrogés. Frillet réveille l'affaire du prétendu meurtre de Duplex, qu'il impute encore à Joseph Vallet. Le juge lui permet une addition d'information sur ce chef. Frillet ne juge pas à propos d'y comprendre les frères Blondel impliqués dans la première information. Il suggére à Maurice, qu'il a déjà corrompu, d'ajouter à sa première déposition où il a déchargé Vallet dans le meurtre supposé de Duplex, un langage bien différent dans la confrontation à cet accusé. Ce scélérat se déclare parjure et faux témoin, sans y penser.

Les témoins ayant été récolés et confrontés aux Vallet, et les accusés ayant subi cinq interrogatoires, Antoine Pin décrété de prise de corps, qui est fugitif, et qui s'est engagé dans le régiment de la Sarre, est arrêté dans son régiment par ordre du ministre, et conduit dans la prison de Bourg : il est ensuite transféré dans celle du Pont-d'Ain. Il est interrogé et confronté aux témoins qui le chargent ; ensuite accaré aux Vallet ; et dans son accarement il continue de les charger, parce qu'il prétend par-là se sauver lui-même. Ce témoin, en s'enveloppant dans ses artifices, creuse lui-même sa perte. Sa déposition, semblable à celle de Vaudan dans les principales circonstances, persuade que ces deux témoins ont le même père, c'est-à-dire, le même séducteur qui les a inspirés.

Les Vallet demandent d'être reçus à la preuve de leurs faits justificatifs. Le juge n'entre point dans le détail de ces faits, il leur permet seulement de prouver qu'Antoine Pin a assassiné Joseph Sevos.

L'enquête des Vallet étant achevée, Frillet donne ses conclusions définitives, où il requiert, « que Joseph Vallet soit » condamné à être pendu pour avoir par » des voies de fait causé la mort d'An- » toine Duplex, et que sa femme, ses » fils, et Antoine Pin, accusés comme » lui de l'assassinat de Joseph Sevos, » soient préalablement appliqués à la » question. «

Le juge, par sa sentence du 9 mai 1725, o donne *que faute par Joseph Vallet, sa femme et leurs fils, d'avoir acquis la preuve des faits justificatifs à laquelle ils ont été admis par sentence du* 17 *mars précédent, et sans avoir égard à leur enquête, avant faire droit définitivement, et sans préjudice des indices et preuves résultantes de la procédure, ils seront appliqués à la question ordinaire et extraordinaire, pour avoir par leur bouche plus ample preuve de l'assassinat de Sevos.* Frillet interjette appel *à minimâ* de cette sentence. Toute la procédure faite à la justice de Pont-d'Ain est portée au greffe du parlement de Dijon : les Vallet y sont transférés couverts d'opprobre par le préjugé que la sentence éléve contre eux. M. le procureur-général, après avoir examiné la procédure, déclare qu'il se départ de l'appel *à minimâ* de son substitut, et comme il ne voit pas que les charges contre les Vallet ont leur source dans de fausses dépositions, il demande que la sentence soit exécutée.

Le parlement donne un arrêt le 18 juin 1725, qui ordonne *que les Vallet et Antoine Pin seront interrogés séparément sur la sellette, et ensuite confrontés les uns aux autres*. Le 26, la cour ordonne, *qu'avant de procéder au jugement définitif du procès, sans préjudice des indices et preuves en résultantes, qui demeureront réservées en leur entier, Antoine Pin sera appliqué à la question en présence des commissaires que la cour députera, pour avoir par sa bouche la vérité du crime d'assassinat de Joseph Sevos, et révélation de ses complices.*

Antoine Pin, qui est d'une complexion robuste, loin de parler dans la question à la décharge des Vallet, ajoute qu'il a reçu une pistole de Joseph Vallet, afin qu'il lui amene Joseph Sevos, que celui-ci avoit le dessein d'assassiner. Ainsi, il le charge encore plus fortement; mais il ne prend pas garde qu'il se charge lui-même.

Voici l'heureux moment où la providence, qui semble sommeiller, arrache la vérité de la bouche d'un scélérat. Antoine Pin est à peine détaché des liens de la question, que le poids de sa conscience qui l'accable, le sang de Sevos qu'il a répandu, et celui des Vallet qu'il va répandre, et qui éléve alors un grand cri, l'obligent à demander que M. Gui de Vormes, rapporteur du procès, se transporte dans la prison pour recevoir sa déclaration. Ce magistrat s'y étant rendu avec son greffier, Antoine Pin rétracte tout ce qu'il a dit dans tous les temps contre les Vallet, il les déclare innocens, et s'avoue seul coupable de l'assassinat de Joseph Sevos, sans qu'ils y aient la moindre part. Arrêt le lendemain 3 juillet, *qui condamne Antoine Pin à être rompu vif; et en ce qui concerne les Vallet*, *ordonne qu'il sera sursis de procéder au jugement de leur procès, jusqu'après le testament de mort d'Antoine Pin.*

Cet arrêt lui est à peine prononcé, qu'à sa prière le commissaire de la cour se transporte dans la prison pour recevoir son testament de mort. Il y détaille les circonstances de la mort de Sevos; en ajoutant que le nommé Vaudan, qui a servi de témoin aussi bien que lui contre les Vallet, est un fripon; qu'il a déposé faux contre eux, qu'il a reçu de l'argent pour déposer, et que, s'il étoit pris, il en embarrasseroit beaucoup d'autres. Antoine Pin est ensuite exécuté.

La cour ordonne le lendemain 4 juillet, *qu'Antoine Vaudan sera pris au corps, et conduit dans les prisons de la cour, pour être procédé contre lui ainsi qu'il appartiendra. Que l'information commencée en la justice du Pont-d'Ain au sujet de l'assassinat de Joseph Sevos, sera continuée même par voie de monitoire par monsieur Flutelot, qui pourra décerner tous décrets, et procéder à toutes autres instructions, avec injonction au greffier en la justice du Pont-d'Ain et de Varambon, de représenter au sieur commissaire toutes les minutes de la procédure dont il sera requis. notamment du procès-verbal de visite faite en la maison de Joseph Sevos, lors de l'ouverture d'icelle.*

Sitôt cet arrêt rendu, le commissaire député, assisté d'un substitut de M. le procureur-général, se transporte sur les lieux; d'abord on arrête Antoine Vaudan, on le conduit à Ambournay. Il est interrogé le même jour. Comme il a extrêmement chargé les Vallet dans sa déposition, il y persiste d'abord; il avoue, sans qu'on l'interroge là-dessus, qu'il a fait un vol domestique de trois bœufs et d'un poulain à Antoine Valencel, chez qui il a demeuré en qualité de valet. Cet accusé qui s'est découvert, pressé de dire la vérité touchant les Vallet, convient que ce qu'il a dit est faux, et qu'on lui a inspiré sa première déposition contre Joseph Vallet et sa famille.

Le commissaire examine la procédure faite en la justice du Pont-d'Ain: on y trouve des ratures et des renvois sans approbation, des additions d'une autre main que de celle du greffier, des actes de procédure qui ne sont pas signés.

On ne trouve point dans cette procédure le procès-verbal de visite faite dans la maison de Joseph Sevos par le châtelain et le curial de Varambon, après la disparution de Joseph Sevos.

Le commissaire procède à une ampliation d'information: on est éclairci par cette voie de plusieurs faits.

Premièrement, qu'Antoine Vaudan est un voleur domestique, qui a été suborné par argent.

Secondement, que les témoins qui ont déposé par ouï-dire, ou se sont trompés, ou ont voulu être trompés ; parce que ceux dont ils disent tenir leurs dépositions, les désavouent.

Troisièmement, qu'Antoine Pin étoit seul coupable de l'assassinat de Joseph Sevos.

Quatrièmement, que plusieurs personnes sont entrées dans la maison de Joseph Sevos après sa fuite, et ont trouvé du sang sur le chevet de son lit, et à terre.

Cinquièmement, que la serpe toute ensanglantée, instrument du meurtrier, est restée dans la maison de Sevos. De tout cela, l'on conclut, que si Frillet eût fait entendre les témoins par le canal desquels le commissaire connoît la vérité, il n'auroit pas pris le change. On voit clairement qu'il a cherché à se tromper.

Le commissaire ayant examiné ensuite la procédure faite en 1705, au sujet du prétendu homicide d'Antoine Duplex, dont on a accusé Joseph Vallet dans une procédure faite depuis en 1724, voit dans la première procédure qu'Antoine Duplex est mort de sa mort naturelle, qu'il n'y a pas ombre de charge contre Joseph Vallet, même dans la déposition de Claude Maurice qui a été oui ; cependant ce même Maurice, dans la seconde procédure, charge violemment ce même Vallet. Il n'en faut pas davantage au commissaire pour connoître que c'est un faux témoin. Il le décrete de prise de corps, Maurice est arrêté et confronté à Vaudan. La procédure étant achevée, ces deux accusés sont transférés dans la prison du parlement. Vaudan n'y est pas plutôt arrivé, que l'horreur de son crime se retrace à lui; il rétracte sa déposition, et même sa dernière confrontation à Claude Maurice, où il a persévéré dans son crime; accablé du poids énorme de ce crime, qui tend à faire périr quatre innocens, il demande pardon aux Vallet, il fait une pénitence publique à l'audience de la miséricorde dans la prison, où il décharge pleinement les Vallet. Il dit qu'il a été corrompu par Maurice.

Vaudan, dans sa rétractation, dépose que le sergent qui l'a assigné, lui a dit après sa déposition, d'aller la répéter à Frillet. Après la rétractation de Vaudan, et les nouveaux interrogatoires des deux accusés, et leur accarement, l'innocence des Vallet commence à se développer. La cour donne arrêt en la chambre des vacations le 5 octobre 1725, au rapport de M. de Vormes, par lequel, *Antoine Vaudan est condamné à être pendu, préalablement appliqué à la question, pour avoir par sa bouche plus ample connoissance de ceux qui ont participé à son faux témoignage.*

L'arrêt de mort prononcé à Vaudan, il est appliqué à la question ; à la potence il déclare qu'il persévere dans sa rétractation ; il fait une satisfaction publique aux Vallet ; leur innocence se manifestant, ils demandent leur absolution avec dommages et intérêts contre Maurice, se réservant d'en demander de plus amples contre les autres témoins corrompus et leurs complices.

Arrêt intervient le 12 octobre 1725, par lequel la cour ordonne, *que sans préjudice des preuves résultantes du procès, Claude Maurice accusé de faux témoignage et subornation, sera appliqué à la question en présence des commissaires que la chambre députera, pour avoir par sa bouche plus amples preuves des cas à lui imputés, et le procès-verbal de torture représenté, y être pourvu ainsi qu'il appartiendra.*

Maurice, appliqué à la question le même jour, déclare que Frillet l'a engagé à déposer contre les Vallet ; qu'Antoine Thorillon, oncle de Vaudan, et Joseph Mallet, ont trempé dans la subornation des témoins. Il rapporte bien des circonstances, qui chargent extrêmement Frillet ; car il dépose que ce procureur-

fiscal

fiscal lui avoit dit qu'il falloit renouveller l'affaire de Duplex, et soutenir que Joseph Vallet avoit tué ce paysan; et qu'il falloit ajouter que Ravet, prédécesseur de Frillet, avoit reçu de l'argent pour ne pas poursuivre cette affaire; et qu'il exigea de lui qu'il rendît un témoignage bien différent de celui qu'il avoit porté en 1705 : qu'il avoit beaucoup de répugnance à faire une fausse déposition; mais que la crainte qu'il avoit de Frillet l'y avoit engagé. Que Frillet avoit tout mis en usage pour le séduire, et l'engager, à ne pas se démentir, promesses, menaces et artifices; qu'enfin il avoit pris toute sorte de formes pour venir à son but.

La chambre des vacations rend arrêt le lendemain 13 octobre, par lequel *elle condamne Claude Maurice à être pendu, absout les Vallet, et condamne Maurice à leur payer pour dommages-intérêts la somme de cinq cents livres, sauf à eux, suivant la réserve contenue en leur requête, de poursuivre une plus ample adjudication de dommages et intérêts contre qui il appartiendra, même la solidité de ceux-ci adjugés.*

Maurice, dans son testament de mort, persévere dans sa rétractation, dans les témoignages qu'il a rendus contre Frillet, en l'accusant de l'avoir suborné, après quoi il est conduit au supplice après avoir demandé pardon aux Vallet.

Le 15 du même mois d'octobre, intervient un autre arrêt, qui ordonne *que Frillet, Joseph Mallet, et Antoine Thorillon seront arrêtés, et conduits sous bonne et sûre garde dans les prisons de la cour.* Ils prennent la fuite et se réfugient en Savoie.

Les Vallet présentent leur requête à la cour, où ils demandent, que Frillet, Mallet et Thorillon, soient condamnés solidairement en 10 mille livres de dommages et intérêts, et aux 500 livres qu'ils ont obtenues contre Maurice.

Joseph Sevos paroît au milieu de la ville de Bourg, au grand jour. Les Vallet, frappés d'étonnement, espérent que l'existence de Joseph Sevos constatée, donnera un nouvel éclat à leur innocence. Pierre Vallet se constitue prisonnier avec lui dans la prison de Bourg. Les Vallet présentent une requête au parlement, où ils demandent que Joseph Sevos soit interrogé sur les causes de son absence par le lieutenant-criminel de Bourg. Cela est exécuté. Ses réponses, pleines de contradictions et de déguisemens, font juger à la cour qu'elle doit approfondir les mystères d'iniquité qu'elles renferment. Elle ordonne le 13 mars 1730, que Sevos sera conduit dans la prison de la conciergerie, pour être procédé à une plus ample instruction de la connoissance de son existence, et du fait dont il s'agit.

Sevos, transféré à la conciergerie, et interrogé par le commissaire de la cour, s'enveloppe dans des réponses obscures, entortillées : cela donne lieu de le décréter de prise de corps. Interrogé une seconde fois, il accuse un inconnu de subornation. Sur le signalement qu'il en fait, on arrête le sieur Marnes, agent des seigneurs de Varambon. Joseph Sevos étant depuis interrogé sur la sellette, avoue que dans ses premières réponses, il n'a pas dit la vérité ; il déclare que deux jours après son assassinat commis par Antoine Pin, il s'est présenté à Frillet, qui lui a tenu le langage qu'on a rapporté.

L'existence de Sevos n'est pas plutôt constatée, que Frillet pense à en faire usage. Pour se tirer d'intrigue, il fait présenter par Joseph Pin, frère d'Antoine Pin, qui a été condamné à expirer sur la roue, une requête au conseil d'état du roi, par laquelle il demande que la mémoire de son frère soit rétablie. Arrêt du 4 septembre 1730, par lequel sa majesté ordonne *que dans un mois pour tout délai, le greffier du parlement sera tenu d'envoyer au greffe du conseil les procédures, charges et informations sur lesquelles est intervenu l'arrêt du parlement du 3 juillet 1725.*

La procédure du parlement de Dijon étant déposée au greffe du conseil, Frillet fait imprimer l'arrêt du parlement, qui a condamné Antoine Pin à la roue, pour avoir tué Joseph Sevos, plein de vie. Il veut par là prévenir tous les esprits contre cet arrêt; et par la requête qu'il a suggérée à Joseph Pin, il prétend se frayer une voie pour présenter la requête en cassation de l'arrêt qui l'a décrété.

Les Vallet, pour prévenir la surprise que Frillet peut faire au conseil, répandent un mémoire, où ils racontent le fait et la procédure.

Frillet, que le conseil ne veut pas écouter s'il ne se met auparavant en état, se constitue prisonnier.

Après un profond examen fait avec une attention scrupuleuse, le conseil *déboute Frillet par arrêt du 30 mai 1732, de sa demande en cassation, et ordonne qu'il sera transféré sous bonne et sûre garde aux prisons de la conciergerie du palais, pour son procès lui être fait et parfait, suivant la rigueur des ordonnances, par la cour du parlement de Dijon.* M. le procureur-général de ce parlement, à qui l'arrêt du conseil d'état est adressé, le fait transférer dans la prison de cette ville.

Frillet subit plusieurs interrogatoires. On le transfère sur les lieux, où il est confronté aux témoins en présence d'un commissaire de la cour, qui procéde en même-temps à une ampliation d'information, sur laquelle il décrete le sieur Cothier, châtelain de Varambon, Flechon métayer des seigneurs de cette terre, Bardot dit Bardolet leur domestique. Les deux premiers prennent la fuite; le dernier est arrêté. On arrête aussi Seizeriat sergent, accusé de crime de faux.

Les Vallet font valoir dans un grand mémoire, des inductions puissantes, qu'ils tirent des faits et de la procédure.

Le procès étant instruit contre Seizeriat, le parlement, par arrêt du 30 juin 1733, *le condamne à faire amende honorable, et ensuite à être pendu.* Le même jour cet arrêt est exécuté.

La justice du parlement se signale encore par le supplice de Joseph Mallet. Un autre arrêt du 7 juillet suivant, *le condamne également à être pendu, préalablement appliqué à la question ordinaire et extraordinaire, pour avoir par sa bouche la révélation de ses complices; en 500 livres de dommages et intérêts envers les Vallet, et le déclare responsable de pareille somme à eux adjugée contre Maurice.*

Joseph Mallet appliqué à la question le même jour, charge Bardot, dit Bardolet, non-seulement dans ce supplice, mais encore dans son testament de mort; ce qui détermine le parlement, avec les preuves qui sont au procès, à le condamner à la question, sans préjudice des preuves résultantes des procédures qui demeurent expressément réservées. Il la subit sans rien avouer; sa fermeté lui sauve la vie. L'arrêt rendu contre lui le 16 du même mois de juillet, *le condamne aux galères perpétuelles*.

Frillet entreprend de répondre aux Vallet; mais la requête qu'il présente, loin d'effacer les impressions qu'on a prises contre lui, ne sert qu'a les rendre plus vives.

Sevos tombe malade dans la prison, et expire. Il laisse par sa mort, bien des éclaircissemens à désirer.

L'arrêt qui intervient le 7 août 1733, *condamne Frillet à être pendu; le condamne en outre en huit mille livres de dommages et intérêts réels et honoraires envers les Vallet, et en tous leurs dépens; et le déclare responsable par la voie solidaire des dommages et intérêts à eux adjugés contre Mallet.*

Le roi commue sa peine de mort en un bannissement pendant dix ans hors de la province, sans toucher au surplus de l'arrêt pour les dommages et intérêts.

Après l'arrêt rendu contre Frillet, le parlement juge ce qui lui reste à décider dans cette procédure à l'égard des autres accusés.

Par arrêt du 11 du même mois d'août, *Marnes est mis hors de cour, et Thorillon condamné à être pendu par effigie, et en deux mille livres de dommages et intérêts réels et honoraires envers les Vallet.*

Enfin, par un dernier arrêt du 21 dudit mois d'août, *Cothier est condamné par contumace aux galères pendant cinq ans, et Flechon est mis hors de cour.*

DEMANDE

En réhabilitation de mariage.

LE sieur Courtin de Villiers, capitaine de cavalerie, étant en garnison à Metz en 1704, y voit une veuve dont la beauté le frappe, l'amour sur-le-champ entre dans son cœur. Il cherche à connoître celle qui l'a blessé. Comme il a les qualités qui peuvent le faire aimer, dès qu'il paroît, il fait sur la belle la même impression qu'elle a faite sur lui. Elle est veuve du sieur Geoffroy; elle demeure chez sa belle-mère, qui, par le testament de son fils, est tenue de la nourrir, et priée de l'entretenir pendant sa viduité. L'amant et la maîtresse sont âgés environ de vingt-deux ans; ainsi leur âge, aussi-bien que leurs qualités du cœur et de l'esprit, les assortissent. Le sieur de Villiers fait la recherche de la veuve dans les formes; sa demande est agréée par la belle-mère; ils vont dans un village en Lorraine, où un aumônier de l'armée les marie. Ils ne demandent ni l'un ni l'autre le consentement de leurs parens, parce qu'ils prévoient bien qu'ils ne l'obtiendront pas. Ils ont dans peu un gage de leur tendresse dans un enfant que l'épouse met au jour : il est baptisé sous le nom de Tincour de Virilles, c'est l'anagramme de Courtin de Villiers. Cet enfant est un solliciteur muet qui les presse de lui donner un état, et de mettre la dernière main à leur mariage. Le sieur de Villiers vient à Paris se jetter aux pieds du sieur de la Lande père de sa femme, pour le prier d'approuver leur mariage. Le sieur de la Lande a été gouverneur de la citadelle de Metz; il est chevalier de St. Louis, brigadier des armées de sa Majesté; il jouit d'une pension de 6000 livres de rente. Il a épousé une riche héritière en Artois, dont les terres réunies aux siennes et à sa pension, lui composent, à ce qu'on prétend, un revenu de 25 mille livres de rente. Il est originaire d'une famille noble.

Le sieur de la Lande est d'abord inflexible, et ne veut point écouter le sieur de Villiers. D'un autre côté, son père et sa mère ayant appris la nouvelle de ce mariage, éclatent contre lui; ils rendent leur plainte contre l'épouse au châtelet, et prononcent l'exhérédation au cas que ce mariage ait été contracté. Ils ont permission d'informer, et sur l'information, ils font décréter l'épouse d'ajournement personnel. Elle se rend appellante de l'ordonnance du lieutenant-criminel, et obtient un arrêt de défense sous le nom de la veuve Geoffroy.

Le sieur de Villiers parvient enfin à gagner le sieur de la Lande. Il attend sa majorité pour faire éclater son mariage ; alors il en dépose chez un notaire le certificat de l'aumônier d'armée, et en fait donner copie à son père et à sa mère, qui se rendent appellans comme d'abus. Le procès est porté à la tournelle, à cause de l'appel interjetté par l'épouse, de l'ordonnance du lieutenant-criminel ; le sieur de Villiers présente une requête, où il demande, qu'où la cour feroit difficulté de prononcer qu'il n'y a abus dans la célébration de son mariage, il lui soit permis de le réhabiliter. Opposition par ses père et mère en l'officialité ; demande par le fils en main-levée de cette opposition.

Intervention des parens paternels et maternels du sieur de Villiers, adhérans aux conclusions de ses père et mère.

Intervention de Dupin, procureur en la cour, et curateur de l'enfant né du mariage des sieur et dame de Villiers, adhérant aux conclusions de ses père et mère; demande à ce qu'il soit reconnu pour leur fils, et qu'il soit légitimé par le mariage subséquent, si le mariage est confirmé; s'il est déclaré nul, et qu'il soit permis à ses père et mère de le réhabiliter, ou d'en contracter un nouveau, qu'il sera également légitimé par la même voie.

Cette cause est plaidée pendant huit audiences. M.e de Blaru, défenseur de l'épouse, dit que le mariage ayant été fait entre des mineurs, sans publication de bans, hors la présence du propre curé, il ne peut subsister; qu'ainsi, sur l'appel comme d'abus, il n'y a pas de difficulté entre les parties. Que, quant à la demande en réhabilitation, il ne voit pas les moyens qu'on y peut opposer, puisque la condition des époux est égale, et leur fortune assortie; et, qu'à l'égard de l'appel simple, il s'agit de savoir si la veuve Geoffroy a séduit le sieur de Villiers. Il soutient 1.° que la séduction se présume plutôt du côté de l'homme, que de celui de la femme. 2.° Qu'il n'y a pas de séduction entre mineurs. 3.° Que les circonstances du fait achevent de persuader que, s'il y a de la séduction, elle est de la part du sieur de Villiers, qui, depuis sept ans, est dans le service.

M.e Dumont défenseur du sieur de Villiers, dit que sa partie demande à réhabiliter son mariage. Qu'il a vingt-cinq ans accomplis, et qu'il est en état de contracter mariage. Que ses père et mère s'y opposent, mais inutilement; parce qu'un majeur n'a pas besoin du consentement de ses père et mère pour contracter mariage; qu'ils ont, s'il se marie avant trente ans, la faculté de l'exhéréder; que c'est la peine que la loi prononce contre les enfans; qu'il est sensible à l'exhérédation, mais qu'il l'est davantage à son honneur.

M.e Charpentier, parle pour l'enfant. Il demande acte de la déclaration de son père en sa faveur, et prend ses conclusions.

M.e Guyot de Chêne, avocat des sieur et dame de Villiers, père et mère, dit que non seulement il n'y a pas de difficulté dans l'appel comme d'abus, mais qu'il n'y a jamais eu de mariage; ainsi, qu'il ne s'agit pas de décider sur la demande en réhabilitation; mais de savoir si dans ces circonstances, il est permis au sieur de Villiers de se marier avec la veuve Geoffroy, sans le consentement de ses père et mère. Que le jugement sur l'appel interjetté par cette veuve, dépend en partie de l'éxplication de ce point.

Que la preuve qu'il n'y a point de mariage, se tire du certificat qu'on rapporte, qui est constamment marqué au coin de la fausseté même, et que la manière dont la veuve Geoffroy s'est défendue, prouve également qu'elle n'a pas été mariée, puisqu'elle a obtenu un arrêt de défense sous le nom de la veuve Geoffroy, et qu'elle n'a commencé à prendre la qualité de femme du sieur de Villiers qu'après que le certificat a été fabriqué.

Que si le sieur de Villiers eût été marié, on n'auroit pas baptisé l'enfant sous un nom étranger.

Qu'il y a inégalité de naissance. Que la maison de Courtin est ancienne, alliée à de grandes maisons; tandis que le sieur de la Lande est d'une naissance obscure. Qu'il y a également inégalité de biens. Que la veuve Geoffroy avoit en sa qualité de veuve, plus d'expérience que le sieur de Villiers, qui sortoit à peine du sein de sa famille; qu'elle étoit plus âgée que lui; que l'on sait que, dans un âge égal, les femmes sont plus formées que les hommes ; et que l'on voit dans des familles, des filles qui régentent dans les ruelles, tandis que leur aîné n'a aucun usage du monde : ce qui prouve la séduction ; qui, non seulement est un moyen qui empêche de contracter mariage, mais elle rompt celui qui étoit contracté.

M.e Arraud, défenseur des parens paternels et maternels du sieur de Villiers dit, que les familles sont un corps qui ne peut être blessé sans que les membres ne s'en ressentent ; que les collatéraux sont les membres de ce corps ; qu'ils ont en effet un véritable intérêt de ne point voir leur nom mêlé avec un sang inconnu, et que leurs biens ne passent pas à des enfans qui pourroient leur faire déshonneur.

M.e de Blaru réplique, et dit qu'il faut d'abord écarter l'intervention des parens paternels et maternels ; qu'ils n'ont aucun droit de s'intéresser dans cette cause, parce que les père et mère du sieur de Villiers sont dans l'instance. Que le mariage est réel, et que si l'on n'en rapporte d'autre preuve que lé certificat de l'aumônier qui en a fait la célébration, c'est qu'il n'y en a pas d'autre.

Que si l'on se plaint de ce que le sieur de Villiers et sa femme n'ont rapporté ce certificat qu'après leur majorité, c'est une prudence bien naturelle qui les a obligés de différer : ils avoient appris qu'il y avoit abus dans la célébration de leur mariage. S'ils en avoient produit le certificat, les sieur et dame de Villiers père et mère n'auroient pas manqué d'interjetter appel comme d'abus ; ils auroient infailliblement réussi contre le dessein du sieur de Villiers et de la demoiselle de la Lande. Ils ont attendu le temps de leur majorité, parce qu'alors il leur est permis de réhabiliter leur mariage. Que la même prudence a engagé la veuve Geoffroy à ne pas prendre la qualité de femme du sieur de Villiers, si pressé à révéler son mariage.

Que c'est par les mêmes raisons qu'il a dissimulé le nom de son fils ; que la mère n'a point de part dans cette innocente dissimulation ; et qu'occupée de son mal dans son accouchement, son mari seul a pris soin de l'enfant.

Qu'à l'égard de l'inégalité de naissance, on fait injure au sieur de la Lande, qui est noble d'extraction ; et que l'inégalité des biens qu'on oppose, n'a pas plus de fondement, puisqu'il peut donner à sa fille autant de biens que le sieur de Villiers et la dame son épouse en donneront à leur fils.

Il finit, en disant que sa partie a des

preuves authentiques de l'estime de son premier époux, par son testament. Qu'elle a prouvé, que depuis son décès, elle a demeuré chez sa belle-mère, où elle a vêcu avec tant de régularité, que toute la ville de Metz en a été édifiée. Que depuis trois ans qu'elle est mariée avec le sieur de Villiers, sa sagesse a été tellement irréprochable, que son mari la demande hautement, loin de profiter de l'occasion de rompre les liens de son engagement; et qu'enfin il n'y a point de séduction de sa part, et qu'elle n'a que trois mois de plus que le sieur de Villiers.

Sur ces contestations, l'arrêt qui intervient, *permet la réhabilitation du mariage, et compense tous le dépens entre les parties.*

Cet arrêt est du 10 mars 1708.

HISTOIRE

HISTOIRE D'UN BIGAME,

Dont les deux femmes, après sa mort, contestent l'une contre l'autre sur la validité de leur mariage, et l'état de leurs enfans.

EN 1687, Jean Capé originaire de Béarn, transporte ses Dieux pénates à Salins en Franche-Comté, où une commission dans les gabelles l'appelle. Il y connoît Marguerite Doros, fille mineure. Dans les maximes de son libertinage, il croit avoir des droits sur les cœurs de toutes les personnes qui sont pourvues d'agrémens. Marguerite Doros, que la nature a favorisée d'une manière distinguée, ne peut pas lui échapper; il la séduit. Bientôt elle connoît tous les mystères de l'amour, et elle est mère d'un enfant qui est baptisé sous le nom d'Alexandre Capé, fils de Jean Capé et de Marguerite Doros. Cette union anticipée les conduit au mariage. Le père

Patouret de l'oratoire, curé de Salins, donne en 1688, la permission aux parties de se marier à Besançon; l'archevêque de cette ville donne dispense de deux bans; un certificat prouve que le troisième a été publié.

Un curé de Besançon épouse les parties; l'acte de célébration fait mention de la permission donnée par le curé de Salins; on y dit qu'ils ont été mariés avec les *conditions nécessaires*.

Jean Capé a différens emplois dans plusieurs endroits; mais il prend toujours soin de Marguerite Doros et de son enfant, qu'il fait mettre en pension. On rapporte des certificats des maire et échevins de la ville de Salins, qui font foi qu'on regardoit Marguerite Doros comme femme de Jean Capé. Comme il ne prend point les loix de la raison, mais de sa passion, il entreprend de rompre les liens qu'il a contractés, et de se jouer de son mariage. Jean Capé mande à Marguerite Doros de venir à Chambery; là, il use sur elle d'un si grand empire, qu'il lui fait passer, en 1692, un acte, où elle reconnoît qu'elle n'est point sa femme: il croit mettre le sceau à cette reconnoissance en s'engageant à lui donner 6000 livres; il croit aussi se débarrasser du fardeau de sa paternité à l'égard d'Alexandre Capé.

Jean Capé se croyant, ou voulant se croire dégagé, se marie en 1696, à Chambery, avec demoiselle Dorset; il est alors commissaire des guerres. Il ajoute à son nom celui de Dulacq dans l'acte de célébration du mariage, qui est fait par le curé de la paroisse de la fille. On ne fait point mention dans cet acte de la paroisse de Jean Capé; on y rappelle la publication de deux bans, et la dispense d'un troisième, et les deux témoins qui y ont assisté. Le curé seul a signé sur le registre, les parties contractantes et les témoins n'y ont point signé. Cinq mois après, Antoinette Dorset accouche d'un garçon. Elle a eu un autre enfant, mais on ne dit point s'il fut aussi diligent que le premier. Elle est en possession paisible de son état jusqu'à la mort de Jean Capé, qui arrive en 1704.

Elle est nommée, par l'avis des parens, tutrice de ses enfans. Marguerite Doros fait nommer un curateur au sien. Elles vendent toutes deux la charge de commissaire des guerres dont Jean Capé étoit pourvu lors de son décès; opposition par-conséquent au titre.

Sur l'opposition, les parties renvoyées

par le conseil au châtelet, pour procéder sur leur état.

Au châtelet, demande à fin de provision par l'enfant de Marguerite Doros, on lui adjuge 500 livres par sentence du 29 avril 1706, et on remet les parties à huitaine. Appel en la cour par Antoinette Dorset, et en même temps appel comme d'abus de la célébration du mariage de Marguerite Doros avec Jean Capé, et en qualité de tutrice, *requérante* pour ses enfans, afin qu'ils soient reçus parties intervenantes.

Appel comme d'abus par Marguerite Doros de la célébration du mariage d'Antoinette Dorset avec Jean Capé, *requérante* par le curateur d'Alexandre Capé, afin d'être reçue partie intervenante.

Me. Arraud, défenseur d'Antoinette Dorset, propose quatre moyens d'abus contre la prétendue célébration du mariage entre Marguerite Doros et Jean Capé.

Il fonde le premier, sur ce que ce mariage a été fait sans le consentement de la mère de Marguerite Doros.

Le second, sur ce qu'il n'y a point eu de publication de bans; attendu, dit-il, qu'on n'est pas reçu à prouver son état par des certificats, mais qu'il faut le constater par les actes mêmes, en rapportant les dispenses, ou du moins l'acte de célébration où l'on en fait mention; et que les termes vagues et généraux de *conditions nécessaires*, sont abusifs et ne suffisent pas.

Il fonde le troisième, sur ce qu'il n'y a que deux témoins au mariage, tandis que l'ordonnance en prescrit quatre.

Enfin, il fonde le quatrième, sur le défaut de la présence du propre curé; ce qui est établi, dit-il, pour un empêchement dirimant du mariage par le concile de Trente. Il ajoute que l'on rapporte un certificat du sieur Billeret, secrétaire de la chambre archiépiscopale de Besançon, où il est fait mention que le curé de Salins a donné permission de célébrer ce mariage; mais qu'on a compulsé les registres, et qu'on a reconnu que cette permission n'y avoit point d'abord été inscrite, et qu'elle y a été ajoutée après coup par le sieur Billeret, gagné par Marguerite Doros.

Il finit, en disant qu'il y a un contrat de mariage entre sa partie et Jean Capé, que la mère et d'autres parens ont signé; un acte de célébration qui est en bonne forme; qu'elle a joui de son état paisiblement; et que Marguerite Doros ne peut être reçue à l'y troubler.

M.e Gondouin, qui parle pour les enfans, vient au secours d'Antoinette Dorset; il ajoute de nouvelles couleurs aux moyens de Me. Arraud.

Me. de Blaru, avocat de Marguerite Doros, fait son apologie. Il commence par l'aveu qu'il fait de la fragilité de sa cliente, ouvrage de l'amour que lui a inspiré Jean Capé.

Il expose, que l'on ne peut faire usage de l'acte que Marguerite Doros a passé à son mari, par lequel elle reconnoissoit qu'elle n'étoit point sa femme, attendu qu'elle n'étoit point maîtresse de son état, et qu'elle ne pouvoit y renoncer. Que tous les moyens d'abus que les parties adverses opposent, s'évanouissent devant l'acte de célébration, et devant les preuves de la possession de l'état de Marguerite Doros.

Sur ce que la mère de sa partie n'a point signé à la célébration du mariage de sa fille mineure, et n'y a point donné son consentement, il répond que ce moyen ne peut être écouté que de la bouche de la mère de Marguerite Doros, qui, bien loin de faire quelques plaintes, a reconnu Jean Capé pour son gendre.

Il soutient que le second moyen d'abus, fondé sur le défaut de la publication des bans, n'est pas plus solide; attendu que l'on rapporte l'acte de célébration: où il est dit que le mariage a été fait avec les *conditions requises;* d'où il s'ensuit clairement que les bans ont été publiés. Il convient que l'acte seroit plus régulier, si la publication des bans eût été rappellée plus expressément; mais, il ajoute que, suivant l'usage de Besançon, on n'explique pas autrement, dans un acte de célébration, les formalités qui ont été observées. D'ailleurs, que le concile de Trente n'exige pas dans l'acte de célébration une énonciation précise et circonstanciée, et que les ordonnances ne prononcent point la nullité comme la peine du défaut de la publication des bans.

Que le troisième moyen d'abus, fondé sur ce qu'il n'y a eu que deux témoins au mariage, au préjudice de l'ordonnance qui en prescrit quatre, n'est pas plus concluant. Que deux témoins rendent un témoignage indubitable. Que si l'ordonnance en prescrit quatre, ce n'est que pour rendre le mariage plus solemnel, et pour montrer qu'elle n'a rien tant à cœur que d'empêcher la clandestinité ; et que le concile de Trente ne demande que deux ou trois témoins.

Que le quatrième moyen d'abus ne fera aucune impression. Que l'on convient que la permission du propre curé est absolument nécessaire, et que s'il n'assiste point au mariage, ou par lui-même, ou par un prêtre qu'il commet, le mariage est nul ; mais qu'ici il est fait mention dans l'acte, de la permission du curé ; que le sieur Billeret, secrétaire de l'archevêque de Besançon en parle ; et que le père Patouret curé, en rend encore témoignage ; qu'enfin, Bourot prêtre, qui a eu la permission de marier Marguerite Doros avec Jean Capé, donne son certificat qu'il les a mariés, et qu'il a eu cette permission.

M.e de Blaru continue, en disant que toute la ville de Salins a reconnu Marguerite Doros pour femme de Jean Capé ; qu'on en rapporte un certificat des maire et échevins de la ville ; qu'il est vrai qu'il n'y a point eu de contrat, mais que la coutume et la loi qui pourvoient à ce défaut, prouvent qu'un contrat n'est pas de l'essence du mariage.

Que dès qu'il n'y a point d'abus dans la célébration de mariage entre Marguerite Doros et Jean Capé, et que Marguerite Doros a été en possession de son état, il est constant que le second mariage est abusif, puisqu'il est fondé sur l'empêchement du lien, c'est-à-dire, sur l'engagement du premier mariage valablement contracté, lequel, tant qu'il subsiste, empêche qu'on n'en puisse contracter un second.

Qu'on a dit, que le défaut de publication de bans n'opéroit pas la nullité de mariage; mais, qu'on est en droit d'employer ce moyen, parce qu'Antoinette Dorset s'en étant servie contre Marguerite Doros, on peut bien le rétorquer contre elle. D'ailleurs, que le défaut de publication de bans, accompagné des autres circonstances, peut être un caractère de clandestinité, qui est un moyen d'abus. Qu'il n'est point énoncé dans la célébration, qu'il y ait eu trois bans de publiés, et qu'il n'y en a point eu dans la paroisse de Jean Capé, ni de permission de son curé.

Qu'enfin, à l'égard du défaut de signature dans l'acte de célébration, et par les témoins, et par les parties contractantes, et par le curé, que l'on dit être l'usage à Chambery, il n'en fut jamais de plus pernicieux et de plus abusif; qu'il est contraire à la disposition du concile de Trente qui est suivi à Chambery. De plus, que la partie de Chambery où le mariage a été célébré, est soumise au diocèse de Grenoble. Or que dans ce diocèse, on observe les ordonnances de nos rois: qu'il falloit donc que le curé, les parties et les témoins signassent; que c'est un abus énorme que de ne l'avoir pas fait.

Me. Nivelle, défenseur d'Alexandre Capé, soutient la certitude de l'état de cet enfant.

L'arrêt qui intervient, conformément aux conclusions de M.r Portail, avocat-général, *maintient et garde la Doros dans la qualité de veuve, son fils dans la qualité de fils légitime de Jean Capé; fait défenses à la Dorset et à ses enfans de l'y troubler, et de se qualifier femme, ou enfans légitimes de Jean Capé.*

Cet arrêt est du 18 avril 1707.

ECCLÉSIASTIQUES DÉRÉGLÉS,

QUI ONT ÉTÉ PUNIS.

LES sieurs des Rues et Merlier, diacres du diocèse de Paris, sont unis entr'eux par une liaison très-intime. Le sieur des Rues a passé son enfance ecclésiastique dans le clergé de St. Paul, depuis 1701 jusqu'en 1710.

On prétend que dès ce temps-là, il a fait connoître son penchant au libertinage. Il a les talens de l'esprit; mais ils ne sont pas unis à ceux du cœur. Ses premières idées, dès qu'il est bachelier en théologie, sont d'entrer dans le clergé de Sens. Il est pourvu du sous-diaconat par M. l'archevêque de cette ville. Il revient à Paris, où après sept ans de sous-diaconat, il est pourvu du diaconat. Il acquiert le dégré de licentié, où il brille par son esprit. Il a le bonheur d'attirer les regards de M. l'abbé Bignon, qui est le Dieu tutélaire des savans, et qui a pour eux un cœur de père.

M. l'abbé Bignon lui donne une cure qui ne borne pas son ambition ; mais il croit qu'elle lui servira de titre pour la prêtrise. Son acte de présentation à ce bénéfice est suivi des provisions : il se flatte, quoique sa réputation ne soit pas entière, que ses déréglemens n'ont pas assez éclaté pour empêcher d'obtenir un dimissoire de M. le cardinal de Noailles, sur lequel il puisse être instalé dans la prêtrise par l'évêque de Noyon.

Il est alors lié avec le sieur Merlier. La corruption du sieur des Rues lui est contagieuse. Celui-ci est bien éloigné d'être aussi déréglé que lui, et le progrès que le mal fait dans son cœur est plutôt un effet de sa complaisance que de son penchant, et à tous égards le sieur des Rues peut passer pour son maître. On les accuse d'avoir fréquenté des maisons de débauche.

Le sieur des Rues a connu une fille de dix-huit ans, l'a retirée chez lui, et l'y a gardée pendant trois mois, sans que ses parens aient pu découvrir le lieu où elle étoit. Il ne s'épouvante pas du contraste qui est entre ses mœurs et la sainteté de son état. C'est dans ce temps-là qu'après avoir surpris M. l'abbé d'Harcourt, grand vicaire de M. le cardinal de Noailles, qui lui a' donné un certificat sur la foi d'un docteur de sorbonne qui a aussi été surpris, il se présente à ce prélat, pour lui demander la prêtrise, ou un dimissoire. Quelques prières qu'il fasse, et quelque insinuation qui régne dans sa demande, M. le cardinal est inflexible : ce prélat a eu des mémoires fidèles, qui l'ont mis au fait des mœurs du sieur des Rues. Celui-ci ne se rebute point de cet obstacle ; accompagné de deux notaires, il se rend chez M. le cardinal de Noailles quelques jours après ; il le somme de lui conférer la prêtrise, attendu qu'il est obligé d'aller desservir sa cure : il met par là le prélat dans la néçessité de justifier son refus, en acquérant la preuve judiciaire des faits dont il a connoissance. M. le cardinal lui répond, que par des raisons de conscience, dont il ne doit rendre compte qu'à Dieu, il ne peut lui donner la prêtrise, ni un dimissoire pour la recevoir d'un autre évêque. Quoiqu'il tienne ce langage, il sent bien qu'il doit, pour écarter tous les reproches, faire-éclater les motifs de sa conduite. C'est par cette raison que le sieur Isoard, curé de sainte-marine, vice-promoteur, rend sa plainte le 8 mai 1724. Il ne sépare point ceux que le crime a unis ; elle a pour objet le déréglement des sieurs des Rues et Merlier. L'information est faite en conséquence, ils sont décrétés, emprisonnés et interrogés.

Le vice-promoteur demande permission d'informer par addition. C'est dans cette seconde information que trois témoins, la mère et les deux oncles d'une fille mineure nommée Jeanneton le Fort, déposent qu'elle a été soustraite à ses parents pendant trois mois. Elle a été recelée dans la maison du sieur des Rues. Les accusés subissent un nouvel interrogatoire. Alors le vice-promoteur craint que ces dépositions n'aient trait au cas privilégié.

L'official ordonne par une sentence du 17 mai 1724, *que le lieutenant-criminel sera appellé*, *et il déclare nulle la procédure qu'il a faite*. La dénonciation ayant été signifiée au juge royal, il fait l'instruction conjointement avec l'official.

Le sieur des Rues fait paroître un mémoire, où il s'efforce de prouver que les témoins qui ont déposé contre lui sont si infames, que leurs dépositions ne peuvent être reçues dans aucun tribunal : il dépeint ces temoins comme des personnes décriées par leur conduite ; et il en fait le portrait le plus affreux.

Les accusés sont jugés en moins de deux mois définitivement par l'official. La sentence est du 5 juillet 1724. Elle déclare le sieur des Rues *atteint et convaincu de vivre depuis plusieurs années dans un commerce de débauche consommée et d'habitude criminelle avec des personnes du sexe; même d'avoir retenu en sa possession près de trois mois, une fille de dix-huit ans à l'insu de ses parens, d'en avoir abusé, et de ne l'avoir rendue à sa famille que parce que sa mère et ses deux oncles, après l'avoir cherchée long-temps, sont venus chez lui, ayant su qu'elle étoit en sa possession.*

Comme aussi atteint et convaincu d'avoir commis une très-grande indécence devant une religieuse, en présence d'une autre femme, dans le parloir d'un monastère de filles, et véhémentement suspect d'avoir attiré sous des prétextes chez lui, et dans d'autres maisons, de jeunes ouvrières pour les corrompre et les livrer à d'autres. Le sieur Merlier est pareillement déclaré atteint et convaincu de s'être abandonné à une débauche scandaleuse avec des personnes du sexe; même d'avoir prostitué de jeunes filles, d'en avoir solli-

cité d'autres, et d'avoir fait de son appartement un lieu de débauche, d'excès et de scandale, y attirant des filles et des femmes de mauvaise conduite, et y recevant des hommes pendant qu'elles y étoient, comme dans un lieu public; et en outre des Rues et Merlier sont déclarés atteints et convaincus d'avoir été complices et compagnons de débauches; pour réparation de quoi, ils sont interdits pour toujours des fonctions de leurs saints ordres, déclarés incapables et inhabiles à être jamais promus à l'ordre de prêtrise, de posséder aucuns bénéfices à charge d'âme; le sieur des Rues privé de la cure de saint-brice de Gauchi; et condamnés l'un et l'autre à se retirer incessamment dans telle communauté ou séminaire qui leur sera indiqué par M. l'archevêque, pour y faire demeure actuelle et continuelle pendant trois années, et y reprendre l'esprit ecclésiastique. Leur enjoint pendant ce temps-là de jeûner au pain et à l'eau les vendredi et samedi de chaque semaine, de réciter ces jours-là leur office á genoux et tête nue, les sept pseaumes de la pénitence, et de lire un chapitre du nouveau testament: et les condamne chacun en trente livres d'aumônes applicables à l'hôpital des enfans trouvés, avec obligation

gation de rapporter au greffe de l'officialité un certificat de leur bonne conduite pendant la retraite qui leur est ordonnée, avec défenses de récidiver sous de plus grandes peines.

Dans le cours de l'instruction par-devant le juge royal, le sieur des Rues donne un second mémoire pour sa défense.

Sept mois après la sentence de l'official, c'est-à-dire, le 17 janvier 1725, le juge royal ordonne *que les témoins récolés devant l'official seul, avant le 18 mai, seront derechef récolés et confrontés devant le juge royal, même les accusés interrogés sur le contenu de leurs dépositions, pour le tout être communiqué au procureur du roi, et ordonné ce que de raison.*

Les accusés interjettent appel de cette sentence; mais comme ils ne font point de poursuites pendant l'espace de six mois, M. le procureur-général conclut par une requête du 28 août 1725, » attendu qu'ils négligeoient de faire » juger l'appel, que les procédures qui » avoient été apportées au greffe de la » cour, seroient rapportées au greffe du » châtelet, pour être par le lieutenant-» criminel le procès continué jusqu'à sen-» tence définitive. «

Le sieur des Rues alors appelle du juge royal, comme de juge incompétent. Il demande qu'il soit fait défense que le lieutenant-criminel instruise séparément d'avec l'official. Sa requête est jointe à l'appel; ainsi à la cour, les accusés ont deux batteries. Ils prétendent contre le juge royal, qu'il n'y a rien qui soit de sa compétence, et contre l'official, que sa sentence est abusive.

Me. de Blaru, défenseur de M. le cardinal de Noailles, qui prend le fait et cause de son vice-promoteur, réfute les défenses des sieurs des Rues et Merlier. Il répond au moyen d'abus, fondé sur la qualité du vice-promoteur ; il répond aux moyens d'abus contre les informations, contre la dénonciation au juge royal, contre les récollemens des trois témoins de l'addition d'information, et contre la sentence de l'officialité du 5 juillet 1725.

Conformément aux conclusions de M. Talon, avocat-général, intervient arrêt le 7 septembre 1726, *qui renvoie les parties au châtelet par-devant un autre juge que le lieutenant-criminel.*

Les accusés étant devant le lieutenant-particulier qui est nommé par l'arrêt, le défenseur du sieur des Rues s'attache particulièrement à faire voir que cet ecclésiastique ne peut point être accusé de rapt.

Par sentence définitive du châtelet, du 9 août 1727, *il sont condamnés à être admonêtés, et en vingt livres d'aumône.*

Ils acquiescent l'un et l'autre à cette sentence; mais M. le procureur-général en ayant appellé *à minimâ*, ils s'en rendent également appellans après lui.

Par arrêt définitif, *des Rues est blâmé, nue tête et à genoux en la chambre de la tournelle, et condamné en dix livres d'amende envers le roi; et Merlier admonêté, et condamné à aumôner au pain des prisonniers de la conciergerie du palais la somme de trois livres.*

Cet arrêt est du 30 décembre 1727.

HISTOIRE DU CHEVALIER DE MORSAN,

Ou mari accusé de bigamie, qui, pour s'en justifier, accuse plusieurs personnes de lui avoir enlevé sa première femme, favorisé son déguisement en homme, et articule la mort de cette femme travestie.

CHARLES-HENRY Donc, notaire à Paris, laisse en mourant trois enfans, un garçon et deux filles. Marguerite-Charlotte Donc, l'une des filles, est le sujet principal de cette histoire.

Elle a les attraits que la nature donne à celles qu'elle veut distinguer dans son sexe.

Marie Chenuet, la mère des mineurs, nommée leur tutrice, ne se fait pas une loi d'administrer leurs biens avec prudence : bientôt le désordre et le dérangement des affaires de ces mineurs, dont on saisit réellement les biens, oblige les parens à y pourvoir; ils nomment le sieur Maro de Joigny, curateur, et le chargent de faire rendre compte à la mère. Elle place alors sa confiance dans le sieur Robert, pour lors clerc de notaire; il jette les yeux sur Charlotte Donc, et se détermine à l'épouser. La mère y consent. Après s'être servi en vain de l'autorité maternelle pour tirer sa maîtresse de la communauté des filles de saint-gervais où elle est, il forme le dessein de l'enlever. Il est autorisé par la mère : il réussit dans son entreprise : il enleve Charlotte Donc dans le temps qu'elle sort de la messe avec les autres pensionnaires. Le sieur Maro, curateur, rend plainte de l'enlévement de sa mineure; mais Robert l'épouse neuf jours après en présence de sa mère et de quatre témoins; elle n'a que quatorze ans. Par des raisons de prudence, on le laisse paisible possesseur de sa conquête. Il s'allume dans le cœur de l'épouse une antipathie si forte, qu'elle se jette quelques années après dans le sein de sa famille, où on résout d'entreprendre l'appel comme d'abus de ce mariage, parce qu'ayant été contracté au préjudice de la plainte rendue par le curateur et contre le vœu de la famille, on croit qu'il ne peut renfermer ni la dignité d'un sacrement, ni la force d'un contrat civil.

On obtient sentence, qui ordonne que pendant l'instruction du procès, elle se retirera au couvent de la Raquette, où elle entre en effet quelques jours après, et on lui donne un curateur.

Robert, conduit par sa passion, va plusieurs fois au couvent réclamer son épouse. Les supérieures rendent deux plaintes contre lui. Enfin, il obtient un arrêt le 16 juin 1716, sur les conclusions de M. Chauvelin, qui déclare *qu'il n'y a point d'abus, et qui ordonne à la femme de Robert de se rendre dans six mois dans la maison de son mari.* Ce même arrêt *condamne Maro en 500 livres de dommages et intérêts.* Robert aprés l'arrêt, trouve sa femme au palais; et quoiqu'il lui parle le langage de la tendresse, elle est si pénétrée de douleur d'avoir perdu son procès, et son antipathie est si forte, qu'elle résout de se soustraire pour toujours à son mari. Aidée de plusieurs personnes qui favorisent son évasion, elle ne paroît plus aux yeux de Robert; elle n'a pas alors 21 ans.

Toutes les perquisitions que fait Robert, sont inutiles; il soupçonne le sieur Maro, d'avoir séduit et enlevé sa femme;

il lui fait signifier l'arrêt qu'il a obtenu, avec sommation d'y satisfaire et d'indiquer où est sa femme, ou de la représenter.

Déjà-il a rendu plainte contre lui le 27 février 1715, et cette plainte a été suivie d'une information. Il prétend qu'il a tout mis en usage pour trouver sa femme, qu'il s'est adressé à une infinité de personnes. Au bout de sept ans, il rend plainte de l'enlevement de Marguerite-Charlotte Donc, il obtient permission d'informer. Sur la foi de cette information, il croit pouvoir embrasser une histoire arrivée à une personne qui prenoit le nom de chevalier de Morsan. Sur ce fondement, il veut que ce chevalier soit Charlotte Donc, et ce personnage étant mort de la petite vérole, et ayant été enterré comme un homme, il soutient que son état de femme a été déguisé parmi les morts; il croit après cela qu'il peut convoler en secondes nôces. Il recherche Magdelaine Ponsigard, veuve du sieur Masson d'Angluse, avocat, qui approche de son douzième lustre; il s'annonce à elle pour garçon. Elle donne tête baissée dans un second mariage; il la conduit chez le notaire qui dresse le contrat; on y stipule une séparation de biens, et une donation mutuelle de tous leurs biens présens et à venir. Leur fortune est médiocre. Les quatre témoins qui assistent au mariage, confirment l'épouse dans l'idée qu'elle épouse un garçon. Comme ils ne peuvent pas compatir ensemble, ils consentent à une séparation de corps et de biens. Il n'observe pas les loix qu'il s'est prescrites; il veut ravoir sa femme qui s'est retirée dans un couvent: elle veut secouer le joug de l'autorité maritale qu'elle ne peut pas supporter; elle apprend toutes les circonstances du premier mariage qu'a contracté Robert; elle conclut que la mort de la première femme n'étant point constatée, le sieur Robert est bigame. Elle intente contre lui au châtelet une accusation solemnelle de bigamie, et elle se pourvoit en l'officialité, où elle demande en la forme ordinaire la nullité de son mariage.

Sur la plainte, il y a une information dans laquelle on trouve la preuve de toutes les circonstances du premier mariage de Robert. La veuve Masson joint à cette information une pièce plus puissante que tout ce qui peut être dans les dépositions; c'est l'acte de célébration du mariage de Robert avec Marguerite-Charlotte Donc, du 9 septembre 1709.

Robert est décrété d'ajournement personnel, il subit interrogatoire; il poursuit ceux qu'il accuse d'avoir enlevé et recelé sa femme en la déguisant en homme. Il produit un acte où il paroît qu'il a rendu la dot au beau-frère de Charlotte Donc. Il prétend justifier par cette procédure son veuvage, et anéantir l'accusation de bigamie. Il est accusateur et accusé. Comme accusateur, il attaque le sieur Maro de Joigny, la dame Roger, le sieur d'Imonville et sa femme, et Anne Duclos, comédienne.

Il allégue, que sa femme lui ayant été enlevée dans le sein du palais, elle a été conduite en la maison du sieur Joquet d'Imonville, oncle de la dame Roger, qui demeuroit avec lui; il dit qu'elle étoit dans la confidence du sieur Maro; qu'elle a commencé à travestir la femme de Robert en homme, et de concert avec le sieur d'Imonville son oncle, ils lui donnèrent le nom de chevalier de Morsan. Que le chevalier, aguerri à l'école de la Duclos, qui tenoit à bail judiciaire la maison où demeuroit le sieur d'Imonville, a eu plusieurs aventures secretes; que le chevalier tomba malade de la petite vérole; que cette maladie augmentant, on manda un religieux pour le confesser, à qui il avoua qu'il n'étoit point homme; que le chevalier travesti mourut le 9 novembre 1723; qu'il fut reconnu par les femmes employées à l'ensevelir; pour perpétuer son déguisement, on mit une épée et un fourreau en sautoir sur la bière; et qu'enfin, le lendemain 10 du même mois de novembre, l'inhumation fut faite à saint-sulpice, toujours sous le même nom du chevalier de Morsan.

Robert, après en avoir rapporté l'extrait mortuaire, fait entendre treize témoins, dans les dépositions desquels on trouve une preuve compléte du sexe du chevalier déguisé, et le fondement sur lequel Robert attribue ce personnage à sa femme.

Le défenseur des accusés, pour détruire l'histoire de Robert, en présente une autre, où il prétend prouver parfaitement que le chevalier de morsan n'étoit point Charlotte Donc; mais que c'étoit un homme véritable, un étranger dont l'état étoit certain. Il soutient ensuite que l'état, la personne, le décès du chevalier de Morsan, étant également certains par l'acte mortuaire en forme sur le registre de la paroisse de st. sulpice, Robert n'est point recevable à prouver la négative de l'état et personne de ce chevalier, pour y substituer la personne de Charlotte Donc.

Le défenseur de la dame Ponsigard, se conforme à l'histoire que les accusés ont racontée; il détruit tous les faits avancés par Robert : tout ce qu'il dit, de concert avec les accusés, se réduit à deux propositions : la première, que le chevalier de Morsan n'étoit point une femme; et la seconde, qu'en supposant qu'il en fût une, elle n'étoit point Charlotte Donc.

Le sieur Maro de Joigny, sépare sa défenfe de celle des autres accusés. Son défenseur n'oublie rien pour montrer que cette cause n'a qu'un faux merveilleux, préparé par le sieur Robert, d'où il établit qu'il n'a point enlevé sa femme.

La dame Ponsigard, qui a soutenu que Charlotte Donc devoit être présumée vivante, soutient par conséquent qu'il y a nullité et bigamie dans son mariage avec Robert. Elle établit son accusation sur la maxime consacrée par les meilleures autorités, que toute personne absente, et dont la mort n'est pas connue, doit être présumée vivre jusqu'à cent ans; c'est-à-dire, jusqu'au terme le plus reculé de la vie ordinaire des hommes. Que la présomption de vie jusqu'à cent ans doit suppléer la représentation de la personne. Que Marguerite-Charlotte Donc présente, auroit été un obstacle au mariage que Robert a contracté avec elle. Que Marguerite-Charlotte Donc, absente, qui est présumée vivante, doit faire prononcer la nullité de ce mariage ; mais, qu'en supposant que la longue absence de Marguerite-Charlotte Donc, puisse faire douter de sa vie, il s'ensuit qu'il est incertain qu'elle soit morte ou vivante; et, par conséquent, qu'il est incertain que les premiers liens de Robert soient rompus. Or, que cette incertitude suffit, non-seulement pour suspendre les effets du second mariage, mais encore pour en faire prononcer la nullité.

Le défenseur de Robert répond, que la bigamie est un double mariage qui se contracte par un homme qui épouse deux femmes vivantes. Qu'alors c'est un crime capital; mais que pour le fonder, il faut prouver qu'au jour de la célébration du second mariage, la femme du premier mariage existoit, et étoit vivante. Que sans la preuve de cette existence actuelle, nul prétexte à l'inculpation du crime de bigamie contre le mari. Qu'ainsi, tant que Marguerite-Charlotte Donc, ne se représentera point à la justice pour réclamer Robert comme son mari, l'accusation de bigamie tombe d'elle-même; d'où il conclut que le défaut de représentation, forme pleinement la justification de sa partie.

Sur toutes ces raisons de part et d'autre, est intervenue la sentence du châtelet, *qui met Robert hors de cour, sur l'accusation de bigamie contre lui intentée à la requête de sa seconde femme; et décharge les accusés de l'accusation du rapt de la première femme, et condamne envers eux Robert aux dépens.*

Cette sentence est du 26 avril 1736.

LIBÉRALITÉ IMPARFAITE,

Par M. le Normand, évêque d'Evreux, à son clergé.

MESSIRE Jean le Normand, évêque d'Evreux, dans le dessein de donner sa bibliothéque à son clergé, fait un mandement le 28 avril 1733, où il annonce aux chapitre, abbés, curés, prieurs qui le composent, qu'il est déterminé à leur faire un présent de sa riche bibliothéque, sous la direction et l'administration de la chambre diocésaine. Comme il désire qu'on prenne des mesures nécessaires pour conserver à la postérité ce précieux dépôt, pour l'augmenter, et lui choisir un emplacement, il convoque une assemblée générale au mardi 19 mai 1733. On arrête un modèle de procuration, qui est envoyé avec le mandement aux personnes convoquées; et, selon ce modèle, leur procureur doit être nommé *pour approuver et recevoir en leur nom, et au nom de tout le diocèse, le grand et magnifique présent que le prélat veut bien lui faire.* Le procureur au surplus, autorisé de délibérer et arrêter avec l'assemblée *sur tout ce qui conviendra pour la réception d'un si précieux présent, de son entretien, augmentation, emplacement, et généralement sur tout ce qui pourra être proposé pour rendre cet établissement solide et permanent.*

M. l'évêque d'Evreux est surpris par la mort le 7 du même mois de mai 1733, sans avoir eu le temps de faire aucune disposition par rapport à l'état de ses affaires.

Au mois de janvier 1734, dame Blanche le Normand, veuve du sieur Alleaume, trésorier de France, nièce et héritière bénéficiaire du prélat, fait assigner aux requêtes du palais à Rouen, les doyen, chanoines et chapitre d'Evreux, pour avoir délivrance de cette bibliothéque dont ils se sont emparés; elle proteste *en cas de refus ou de retardement, de tous dépens, dommages et intérêts.*

On franchit le détail de la procédure. Il suffit de dire que M. de Rochechouard, successeur de M. le Normand, est reçu partie intervenante; et qu'enfin il y a par défaut sentence définitive, le 12 juillet 1734, des requêtes du palais de Rouen, *qui condamne le chapitre à faire délivrance de la bibliothéque en question, à payer les frais de garde depuis le 20 juillet 1733, aux intérêts du dépérissement arrivé à cette bibliothéque, et aux dépens.*

Messire de Rochechouard, se rend avec son clergé appellant de cette sentence. La cause est solemnellement plaidée en plusieurs audiences, en présence d'une assemblée composée des gens les plus distingués de la province.

L'avocat du prélat, dit, que l'on ne réclame point cette bibliothéque à titre gratuit, ni à titre de donation entre-vifs, ni à titre de donation testamentaire; mais qu'on la réclame à titre de pollicitation, qui étant du droit commun, doit avoir lieu dans toutes les coutumes où il n'y a pas de dérogation expresse.

Il avance que la pollicitation est fondée sur le principe du droit des gens, et même du droit naturel; et qu'elle est, par conséquent, de tous les temps et de tous les pays. Il continue, en disant que c'est une promesse solidaire que l'on fait sans convention en faveur de la république.

Il distingue trois sortes de pollicitations : la première est celle qui est faite pour obtenir de la république une charge, une dignité. Il observe que ce n'est pas une libéralité, mais le paiement d'une d'une dette. Si la charge est accordée, la pollicitation est obligatoire : elle cesse de l'être, dès que la république refuse la dignité, ou que celui qui la brigue, décéde avant que de l'avoir obtenue. La seconde espèce, qui regarde l'ornement de la ville, étant une pure libéralité, n'est obligatoire que lorsqu'elle a eu un commencement d'exécution. Enfin, la troisième espèce, est celle qui est extrêmement utile et nécessaire à la république.

Il soutient que cette dernière, qui forme une espèce précieuse de pollicitation, est obligatoire, quoique l'entreprise ne soit point commencée, parce que sa cause est extrêmement juste. Que la loi nous donne quelques exemples de causes utiles et nécessaires à la patrie, où la pollicitation oblige sans commencement d'exécution. Qu'il y a une cause plus utile et plus nécessaire que celle de la promesse de l'évêque d'Evreux ; et qu'autant que le bien spirituel est au-dessus du bien temporel, l'ame au-dessus du corps, et la religion au-dessus de l'état, la cause de cette promesse est au-dessus de toutes les autres causes qui regardent la république. D'ailleurs il prétend prouver par le mandement de l'évêque d'Evreux, que l'ouvrage a eu son commencement.

Le défenseur de l'héritière du sieur le Normand, répond en se renfermant dans les simples moyens de sa cause. Il dit que les parties adverses conviennent que le mandement de l'évêque d'Evreux ne doit valoir, ni comme donation entre vifs, ni comme testament : qu'ainsi cet aveu suffit pour la décision de la question en sa faveur ; puisque l'ordonnance du mois de février 1731, hors le cas de tradition, n'a admis que ces deux voies de disposer de ses biens à titre gratuit ; et qu'auparavant, on n'en reconnoissoit point d'autre en Normandie. Que quelques efforts qu'on fasse, on ne trouvera point dans ce mandement ni pollicitation obligatoire, ni donation ; mais qu'il n'est uniquement émané de l'autorité épiscopale, que pour assembler le clergé, afin de délibérer sur la donation que le prélat vouloit lui faire de sa bibliothéque, et sur les conditions qu'il avoit dans l'esprit, et qu'il devoit proposer à l'assemblée pour les accepter si elle le jugeoit à propos. Que ce n'est qu'un simple projet, sujet à être révoqué ; un dessein dans la voie de l'exécution, mais non pas un dessein consommé. En un mot, qu'on ne peut découvrir la trace d'aucune pollicitation dans le mandement de cet évêque, et que cette vérité est d'autant plus évidente, que les pollicitations chez les Romains devoient être parfaites par elles-mêmes, et contenir les conditions sous lesquelles elles étoient faites ; au lieu que le mandement dont il s'agit, n'est qu'un acte préparatoire d'un contrat de donation, qui seul devoit opérer cette donation et en assurer les conditions.

L'arrêt définitif *adjuge la bibliothéque à l'héritière du sieur le Normand ; condamne le chapitre aux frais de garde, et aux dépens, du jour de l'action de l'héritière ; et M. de Rochechouard aux dépens, du jour de son intervention.*

Cet arrêt est du 31 mars 1735.

FILLE

Qui veut changer son état de légitime, contre celui de bâtarde.

LE baron de Siméony, d'une maison illustre dans la Bavière, envoyé extraordinaire de son altesse électorale de Cologne, étant à Liège en 1698, connoît une comédienne française, nommée la Le Comte, qui court la province. Elle possède parfaitement l'art du chant ; elle excelle sur-tout dans la musique italienne ; ce talent l'introduit dans des concerts que l'électeur de Cologne donne assez fréquemment dans son palais.

Le baron de Siméony est chargé de la part de son maître, de récompenser les personnes qui sont employées dans ses divertissemens.

La Le Comte, qui est dans une triste situation, étale sa misère au baron de Siméony : elle lui expose qu'elle a épousé Bolduc, qui l'a abandonnée, et que ce mari fugitif lui a laissé deux enfans. Soit par motif de charité ou de bienséance; le baron lui prête des secours ainsi qu'à ses deux filles; il les continue à Henriette Mellin, l'une d'elles, qui épouse dans la suite Herbolt Beisselt, fils d'un cabaretier de la ville de Liège, jusqu'à son mariage, et même quelques années après; mais ils cessent tout-à-coup.

Le baron de Siméony étant à Paris, Henriette Mellin et son mari y viennent pour apprendre la cause qui a tari la source des secours qu'elle a reçus. Le baron de Siméony est mariée à dame Renée Grohelle de Fleury; ils croient qu'elle a indisposé son mari contre eux: ils tentent inutilement de rappeller tous les motifs qui peuvent faire renaître dans le cœur du baron la source de ses bienfaits; et comme Henriette Mellin se dit fille du sieur Siméony, elle répand par-tout cette filiation. Il rend sa plainte le 8 mai 1725. Il obtient du lieutenant-criminel permission d'informer, et dans la suite une addition d'information, sur laquelle Henriette Mellin et son mari sont décrétés d'ajournement personnel. Les accusés subissent interrogatoire. Le baron de Siméony présente une requête civile, dans laquelle il demande qu'il soit fait défense à Henriette Mellin de porter son nom; et conclut contre les accusés à des réparations, à cause des discours calomnieux qu'ils ont tenu de lui et de sa femme.

Les accusés obtiennent un arrêt qui les reçoit appellans de la plainte, de l'information et du décret; et qui leur accorde des défenses. Les conclusions qu'ils prennent ont trois objets : ils demandent d'abord la nullité de la procédure faite au châtelet. Ils soutiennent en second lieu, qu'Henriette Mellin, est fille naturelle du baron de Siméony; et en cette qualité, ils demandent que la pension qu'ils prétendent avoir toujours reçue du baron de Siméony, leur soit continuée; ou bien que le baron de Siméony, soit condamné à payer à Henriette Mellin, une somme convenable par forme de dot.

Enfin, ils prétendent que si la cour n'étoit pas en état de prononcer définitivement sur l'état d'Henriette Mellin, le baron de Siméony, doit être condamné à lui payer une provision alimentaire.

M.e Manourry, soutient la prétention d'Henriette Mellin. Il insinue à la cour, que le baron de Siméony a été en commerce de débauche avec la Le Comte, qu'Henriette Mellin, et Marie-Anne

Mellin sa sœur, en sont les fruits malheureux ; que le baron de Siméony a écrit lui-même sur un papier les noms sous lesquels ces deux enfans dévoient être baptisés ; que depuis leur naissance il a toujours eu soin de leur éducation ; qu'il a contribué à leur entretien ; que ces deux enfans sont en possession de recevoir ses bienfaits ; qu'ils ont des déclarations et des lettres qui justifient que le baron de Siméony ne les a point perdus de vue dès l'instant de leur naissance ; qu'ils ne peut leur refuser des alimens ; et finit en demandant à faire preuve par témoins de la filiation de sa partie.

M.e Pommier de Rougemont, prend la défense du baron de Siméony. Il s'attache à établir qu'Henriette Mellin ne peut le réclamer pour son père, soit légitime, soit naturel. Toute sa défense se renferme dans les extraits baptistères d'Henriette, et de Marie-Anne Mellin, qu'il rapporte ; c'est à ces actes et à la possession où elles ont toujours été, et qui est constatée par leurs extraits de célébration de mariage, qu'il renvoie Henriette Mellin. Il dit que ce sont les seules pièces certaines de la cause, et sur lesquelles il soutient que la cour doit régler sa décision ; qu'elles constatent la naissance véritable et légitime de cette femme, et qu'elles détruisent en même temps toutes les idées calomnieuses, qui disent que le baron de Siméony est son père. même naturel ; par conséquent, que les prétentions des accusés sont insoutenables. Il ajoute que la sœur d'Henriette Mellin, qui ne veut pas seulement se joindre à elle, confirme encore la fausseté de tout ce qui a été inventé. Il ne disconvient pas des bienfaits qu'il a prodigués à ces deux filles, ainsi qu'à leur mère qui a été mariée deux fois ; mais il avance que ces actes de générosité, quelque considérables qu'ils soient, ne peuvent jamais, par eux-mêmes, opérer un titre d'obligation contre lui, et que ce qui n'est que l'effet de la charité, ne peut jamais produire une nécessité indispensable.

Sur les conclusions de M. Talon, avocat-général, la *cour fait défenses à Henriette Mellin, femme d'Herbolt Beisselt, une des parties de Manourry, de prendre à l'avenir la qualité de fille naturelle du baron de Siméony : fait pareillement défenses à toutes les parties de Manourry, de se servir à l'avenir des injures qu'elles ont proférées contre l'honneur et la réputation des parties de Pommier, à peine de punition exemplaire ; les condamne en trois livres d'aumône solidairement, et en tous dépens, tant des causes principales, que d'appel : sauf aux parties de Manourry, à se pourvoir contre Bolduc et la nommée Le Comte, ainsi qu'elles aviseront bon être, défenses réservées au contraire.*

Cet arrêt est du 9 août 1727.

DEMANDE

En cassation de mariage.

LA demoiselle Delorme, née le 15 octobre 1709, n'a que cinq ans lorsqu'elle perd son père; elle demeure depuis en différens couvens jusqu'à sa quatorzième année.

En 1716, la dame sa mère épouse le sieur Dupin, qui, regardant cette jeune fille comme la sienne propre, a pour elle toutes les attentions de père, et cherche avec impatience l'occasion de la marier avantageusement.

Il se présente plusieurs partis qui ne sont point agréés. La demoiselle Delorme, qui a les graces de la beauté, quoique dénuée de tout bien, se voit élevée à une fortune qui la place dans l'abondance; elle épouse le sieur Rapally, trésorier de France de la généralité de Paris, qui a quarante-cinq mille livres de rente; qui lui fait un don de survie de tout son bien, et qui lui stipule un douaire de six mille livres de revenu. A la faveur de ce mariage, le sieur Dupin son beau-père lui constitue une dot de deux cents mille livres: elle ne voit dans son époux aucun vice évident, qui soit absolument contraire au caractère d'honnête homme. Il ne s'est présenté à elle, que sous les dehors les plus flatteurs. Leurs âges ne forment pas les deux extrêmités, puisqu'il a trente-huit ans, et elle dix-sept; c'est une jeunesse d'un sang tranquille, assortie avec une jeunesse d'un sang plus vif.

Cependant la dame Rapally, fait tous ses efforts pour rompre l'aillance qu'elle a contractée avec la fortune, et pour se replonger dans le dénuement des biens auxquels elle vient de s'associer. La répugnance dont elle s'arme pour pouvoir rompre un sacrement dont les liens sont indissolubles, et pour renoncer à une fortune brillante, n'est fondée sur aucune raison apparente; elle n'en peut alléguer d'autres que l'antipathie, qui est une aversion que l'on ne peut définir que par le *je ne sais quoi*.

Elle se précautionne contre la violence, en obtenant de l'autorité du roi la permission de se retirer dans le couvent des recollettes, rue du Bacq. Elle prend conseil sur son mariage. Elle s'adresse à M. le lieutenant-civil qui se transporte dans le couvent où elle est, et où elle lui explique les motifs qui la déterminent à intenter sa demande; il en dresse un procès-verbal, lui fait nommer un tuteur, et après toutes ces précautions elle porte sa demande en cassation à l'officialité.

M.e Terrasson son avocat, y dit, que la demoiselle Delorme, moins sensible aux tentations de l'intérêt qu'aux mouvemens de sa conscience, ne peut reconnoître pour époux un homme qu'elle n'a point consenti d'épouser; qu'il ne lui est pas permis de regarder comme le concours de deux volontés, un engagement auquel la sienne n'a point eu de part; et que la bénédiction nuptiale n'ayant point d'effet sans le consentement des parties, on ne peut pas dire qu'il y ait un mariage où il n'y a point eu de choix ni de liberté.

Il soutient ensuite, que sa partie a été indignement sacrifiée; que toutes les circonstances qu'elle rassemblera, découvriront une violence faite à sa volonté, une suite de contraintes exercées sur elle pour disposer de sa personne sans son aveu, un acharnement tyrannique à ne déférer qu'aux vues d'intérêt, plutôt qu'à son consentement et à son choix, en un mot, un état d'obsession et de servitude qui ne lui laissoit que la malheureuse liberté des gémissemens et des larmes. Il demande la permission de faire preuve de tous ces faits.

Toute la défense du sieur Rapally, se réduit à deux moyens : l'un, que la demoiselle Delorme n'a point été contrainte avant le mariage ; et l'autre, que depuis le mariage, elle a fait voir par un grand nombre de circonstances, la liberté de son consentement.

Il ajoute que, lorsqu'une fille s'est choisi un époux par déférence pour les sages conseils de sa famille ; que, quand aux pieds des autels elle s'est engagée par un serment redoutable, sans être captivée sous le joug d'une violence à laquelle elle ne peut résister, la religion alors exerce ses droits sans aucune réserve : que, jalouse de l'honneur du sacrement, elle ne souffre pas que l'inconstance entreprenne sur son empire, et puisse rompre les nœuds qu'il a formés. Que, sans parler du danger, des conséquences, et du trouble qu'une funeste facilité pourroit causer dans les familles, ces motifs si justes et si interressans doivent céder à de plus grands objets, l'honneur de la religion, la sainteté du sacrement, la pureté des mœurs ; et qu'on ne peut maintenir leurs droits sacrés, sans rejetter une demande dans laquelle ils se trouvent tous violés.

Sur toutes les raisons alléguées de part et d'autre, intervient une première sentence de l'official, « qui joint à la demande » principale les requêtes de la demoiselle » Delorme, où elle demande de faire » preuve des faits de violence ; et enfin » le 6 septembre 1727, intervient sentence » définitive, qui la déboute de toutes » ses demandes contenues dans ses re- » quêtes, et de sa demande en nullité » de mariage, avec dépens. »

La demoiselle Delorme, se rend appellante à la primatie de Lyon, dont l'official de Paris reléve, et produit une consultation fort étendue, où ses avocats se déclarent en sa faveur. Le sieur Rapally, oppose une autre consultation succinte, où ses avocats se rangent également du côté de sa cause.

La demoiselle Delorme, étale encore une consultation des docteurs de sorbonne, qui lui est très-favorable ; mais ces docteurs, par l'application de leur principe à l'espèce, ne peuvent pas réussir à changer la thèse. Cependant elle a à la primatie un jugement victorieux, qui l'admet à la preuve des faits de violence qu'elle a articulés ; excepté la preuve du fait qu'elle a allégué, en soutenant qu'elle avoit dit *non*, au lieu de *oui*, lors de la célébration du mariage. Par la même sentence, on commet un docteur de sorbonne demeurant dans le diocèse de Paris, à qui on donne le pouvoir de procéder dans cette Ville.

Le sieur Rapally, interjette appel comme d'abus du jugement de la primatie, et demande des défenses de l'exécuter. La dame Rapally, soutient qu'il ne peut point les obtenir, et que le jugement doit être exécuté par provision. Les parties sont renvoyées en l'audience, où la cause est plaidée avec beaucoup de force.

Conformément aux conclusions de M. d'Aguesseau, avocat-général, il intervient arrêt le 5 août 1728, qui ordonne *que sur l'appel comme d'abus, on en viendra au lendemain de la S.t Martin, toutes choses cependant demeurant en état.*

Après la S.t Martin, la dame Rapally ne comparoît pas, et il y a arrêt, *qui déclare qu'il y a abus dans la sentence de la primatie de Lyon.*

Cet arrêt est du 16 décembre 1728.

LE SPECTRE,

Ou l'Illusion reconnue.

HONORÉ Mirabel, paysan du lieu de Pertuis, est valet dans la bastide de Gay, au territoire de Marseille. Las de sa vie pénible et laborieuse, qui l'assujettit à supporter le faix du jour et de la chaleur, il cherche dans son génie quelque expédient pour s'affranchir de sa condition : il résout de se donner pour un homme riche par l'invention d'un trésor. Après avoir assemblé son petit conseil en lui-même, on va voir comme il arrange son histoire.

Il dit, « qu'il étoit couché dans le » mois de mai à onze heures du soir, sous » un amandier de la bastide de la » demoiselle Gay. Il vit au clair de la » lune un homme à la fenêtre d'une » bastide voisine, qui n'étoit qu'à cinq » ou six pas de lui ; elle appartenoit à » une femme nommée Placasse. Comme » cette bastide étoit inhabitée, la vue

» de

» de cet homme le surprit ; il crut avoir
» droit de lui demander compte de ce
» qu'il faisoit là ; mais quelques questions
» qu'il lui fit, le personnage joua le
» le même rôle que la statue au festin
» de Pierre quand on boit à sa santé.
» Le silence obstiné que cet homme garda,
» le piqua : la porte de la bastide étant
» ouverte, et sans serrure, il eut envie
» d'aller lier conversation avec cet inconnu :
» il monta ; mais après avoir bien cherché
» il ne trouva personne. Il s'imagina
» alors que c'étoit un revenant. Dans
» cette idée qui le frappa, la frayeur
» lui donna des aîles ; il descendit le
» degré, franchissant les marches quatre
» à quatre ; il alla ensuite puiser de
» l'eau dans un puits qui étoit tout au-
» près. Tandis qu'il buvoit, il entendit
» derrière lui une voix cassée ; elle
» l'appella par le nom de son pays : Per-
» tuysan, lui dit-elle, on a enterré ici
» un trésor ; tu n'as qu'à creuser, il sera
» à toi ; fais-moi dire des messes. Il
» vit tomber une petite pierre dans un
» endroit, il crut qu'elle lui marquoit
» le lieu où il falloit creuser. Il ne put
» pas soutenir le poids de sa fortune ;
» pour se soulager, il alla en faire part
» au nommé Bernard, valet de la fer-

» mière de la bastide de Paret. Ils al-
» lerent ensuite creuser ensemble ; il n'étoit
» pas encore cinq heures ; la fermière
» étoit présente. Ils trouvèrent d'abord
» un paquet de mauvais linge, sur
» lequel ayant donné un grand coup
» avec une pioche, ils entendirent tinter :
» ce son les réjouit beaucoup. Personne
» n'osoit toucher à ce paquet, de peur
» qu'il ne fût pestiféré ; que lui Mirabel,
» s'avisa de faire un croc avec une
» branche d'amandier pour retirer le
» paquet. Quand il l'eut, il le porta dans
» sa chambre, toujours suspendu à son
» croc. Il le trempa dans un vaisseau
» plein de vin, faute de vinaigre : il
» ouvrit alors le paquet, et il compta
» plus de mille pièces d'or ; c'étoit des
» espèces portugaises. Bernard et sa maî-
» tresse perdirent de vue le trésor. Ils
» vinrent à lui Mirabel, pour lui demander
» où il l'avoit mis ; mais il les dépaysa :
» son unique soin fut de mettre son or
» à l'abri des voleurs. Il fit dire quelques
» messes pour le repos de la bonne âme
» de ce revenant, et il se fit saigner
» quatre fois, pour prévenir les suites de
» la révolution que la frayeur avoit faite
» en lui.

» Qu'il fit part de cette grande nou-

» velle à un magasinier de Marseille
» nommé Auquier, qui étoit comme lui
» de Pertuis ; il prit le prétexte de lui
» demander conseil sur l'usage qu'il
» devoit faire de son trésor. Auquier
» lui persuada de le cacher ; parce que,
» si l'on savoit qu'il eut de vieilles es-
» pèces, on les lui confisqueroit. Au-
» quier ne le quitta plus : amoureux des
» beaux yeux de son trésor, il le me-
» noit de cabaret en cabaret, où il le
» régaloit ; il lui prêta jusqu'à quarante
» livres. Que lui Mirabel, n'osoit pas
» faire usage de son trésor, à cause de
» la crainte que lui avoit imprimé Au-
» quier.

» Qu'enfin, celui-ci sut si bien trou-
» ver le chemin de son cœur, par l'étude
» qu'il en avoit fait dans les repas qu'il
» lui avoit donné, qu'il l'engagea à lui
» confier son trésor : afin de lui donner
» plus de confiance, il lui montra chez
» lui une corbeille où il y avoit beau-
» coup d'espèces d'or et d'argent. Ils
» convinrent ensemble de se trouver le
» 6 du mois de septembre, à dix heures
» du soir à une des portes de la ville,
» où lui Mirabel remettroit à Auquier son
» trésor.

» Que dans le temps qu'il étoit en

» chemin pour aller au rendez-vous, et
» qu'il en étoit fort près, il rencontra
» Gaspard Deleuil, l'un de ses amis : il
» apperçut alors Auquier ; il dit à Gas-
» pard Deleuil de l'attendre là à l'entrée
» d'un petit bocage. Il aborda ensuite
» Auquier, à qui il remit deux petits
» sacs, l'un fermé par un ruban de fil
» couleur d'or, l'autre par un cordon de
» fil. Auquier lui remit un billet conçu
» en ces termes. «

Je reconnois devoir à Honoré Mirabel, la somme de vingt mille livres, que je promets lui payer à sa volonté, le quittant des quarante livres qu'il me doit. A Marseille, ce 27 *septembre* 1726, *signé Auquier.*

» Que lui Mirabel avoua à Auquier,
» qu'il avoit encore quatre pièces d'or ;
» celui-ci l'obligea à les lui remettre, en
» lui disant qu'il s'exposoit, en les gar-
» dant, à se faire des affaires fâcheuses
» avec la justice de la monnoie. Il
» alla ensuite joindre Gaspard Deleuil
» qui l'attendoit ; il partit peu de temps
» après pour Pertuis. De retour de son
» voyage, il alla voir Auquier, qui le re-
» tint à souper. Il prit congé de sa maî-
» tresse. Etant en chemin pour aller re-

» tirer ses hardes de la bastide, il fut
» attaqué auprès des Minimes par un
» homme d'une taille gigantesque, qui lui
» donna brusquement un coup de cou-
» teau, qui lui perça sa chemise et sa
» veste. Il crut deviner l'auteur du coup
» de couteau; il ouvrit les yeux, il soup-
» çonna Auquier; et qu'enfin, il lui de-
» manda son trésor, ou le paiement du
» billet. »

Telle est l'histoire de Mirabel, suivant qu'elle s'est arrangée tout exprès dans son cerveau; mais, l'événement ayant vérifié que c'est ici un fourbe, suscité par un autre fourbe, il faut le considérer sous une autre face: loin que ce soit une dupe, c'est un trompeur. Le spectre n'est qu'une illusion, le trésor qu'une chimère: ces deux points principaux sur lesquels roule toute l'histoire, étant détruits, toutes les circonstances dont elle est ornée, s'évanouissent.

Le paysan se pourvoit en justice, et rend sa plainte contre Auquier, qui dénie tout. Il demande permission d'informer, et que le lieutenant-criminel se transporte dans la maison d'Auquier, pour y être procédé à un procès-verbal de perquisition.

La fable fait fortune dans l'esprit du premier juge. Il permet d'informer. Le 17 octobre 1726, il se transporte dans la maison d'Auquier avec son greffier, suivi de Mirabel. Le procès-verbal de perquisition fait foi, qu'on n'a trouvé aucune pièce d'or, ni aucune pièce de vaisselle : à l'ouverture d'une garde-robe, Mirabel reconnoît une petite corbeille d'osier, dont il a parlé dans sa plainte.

Auquier est ensuite interrogé, et dit qu'il a connu Mirabel depuis le mois de mai ; qu'il a mangé avec lui une fois dans sa boutique et une fois au cabaret ; qu'il lui a prêté deux écus : que ce paysan lui a dit qu'il avoit trouvé un trésor, et qu'il lui avoit promis de le lui remettre sur la sûreté d'une obligation passée devant notaire : il dénie tous les autres faits renfermés dans la plainte.

A la fin du procès-verbal, le lieutenant-criminel déclare, qu'en visitant les hardes et habits de la femme d'Auquier, il a trouvé à une jupe d'un petit enfant, un ruban de fil couleur d'or, semblable à celui dont étoit lié un des sacs qui renfermoit une partie du trésor remis à Auquier, comme Mirabel l'a dit dans sa plainte.

La corbeille d'osier, le ruban de fil couleur d'or, l'aveu que fait Auquier, que Mirabel lui a dit qu'il avoit trouvé un trésor, la promesse selon Auquier que lui fit le paysan de le lui remettre, l'offre qu'il lui fit de lui en passer l'obligation, toutes ces foibles lueurs du crime dont Auquier est accusé, paroissent des lumières éclatantes aux yeux du juge.

L'information est faite ensuite : elle est composée de seize témoins, dont les trois premiers sont très-propres à confirmer la prévention du juge.

Auquier est décrété d'ajournement personnel le 24 octobre, et répond sur les charges le 21 novembre. Il soutient n'avoir, ni reçu aucunes espèces de la part de Mirabel, ni fait aucune promesse d'en payer la valeur ; il reconnoît que la jupe où est le ruban de fil couleur d'or, est de sa fille ; et soutient n'avoir jamais reçu aucun sac de Mirabel.

Sur la vérification du billet, signé *Louis Auquier*, les experts déclarent que l'écriture et le seing ont beaucoup de ressemblance avec les pièces de comparaison écrites par Auquier ; mais que l'écriture est contrefaite, et qu'ils ne peuvent assurer qu'Auquier soit l'auteur de la *contrefaçon*. D'autres experts déclarent, que le ruban du sac, remis au greffe, est de la même qualité, couleur, et largeur du ruban de la jupe de la petite fille d'Auquier.

Le procès étant perfectionné par récolement et confrontation, le lieutenant-criminel rend sa sentence le 10 septembre 1727, portant qu'Auquier passera le guichet, et sera appliqué à la question.

L'affaire étant portée par appel au parlement d'Aix, le défenseur d'Auquier, soutient que, sans aucunes conclusions du procureur du roi, sans une information précédente, le lieutenant-criminel n'a pu ordonner qu'il se transporteroit dans la maison d'Auquier pour y faire une perquisition; que dans l'information, on ne trouve point de preuve du crime dont on a chargé l'accusé; que, quand il y auroit dans l'information une preuve aussi véritable qu'elle est fausse que l'accusé a recelé le trésor, il ne pourroit point être condamné; parce que l'existence de ce trésor est fondée sur une illusion, et que suivant les règles, ce qui n'est pas vraisemblable, est réputé faux; que le grand principe en fait de question, est qu'elle ne peut jamais être ordonnée que le corps du délit ne soit constant; et que, lorsque les indices sont combattus par d'autres indices, il n'y a point lieu d'y condamner un accusé. Qu'enfin, Auquier allégue encore une défense péremptoire, qui est l'offre qu'il fait de prouver, que le sixième septembre, jour où Mirabel dit qu'il lui remit son trésor, il fut tout ce jour-là à Pertuis, distant de huit lieues de Marseille. D'où il résulte, que l'accusé doit être absous avec dommages et intérêts, proportionnés au préjudice que son crédit et sa réputation ont souffert.

Le défenseur de Mirabel dit, que la vérité de tout le fait du procès parle contre Auquier dans la bouche des témoins de l'information, qui prouve le crime et le corps du délit; et que la simplicité, la facilité du paysan en proie à l'adresse, à la dextérité, et aux artifices de l'accusé, s'offriront aux regards de la cour. Il soutient que le retour des morts et l'apparition des esprits, sont attestés par les écrivains sacrés, par les pères de l'église, et par la faculté de théologie de Paris. Qu'il est constant, suivant le rapport, qu'Auquier a contrefait son écriture pour extorquer à Mirabel au moins vingt mille livres contenues dans le billet falsifié. Qu'à l'égard de l'alibi dont Auquier demande la preuve, ce prétendu alibi n'est pas pertinent : parce qu'il n'est pas impossible qu'il ait été ce même jour-là à Pertuis et à Marseille ; et que d'ailleurs il se peut faire que Mirabel peut s'être trompé sur la date du jour qu'il remit les espèces, et avoir dit le 6 septembre pour le 7 ; qu'ainsi, la preuve que feroit Auquier ne concluroit rien, et qu'il ne pourroit pas se prévaloir de l'erreur qu'auroit fait Mirabel sur la date de la remise du trésor, puisqu'elle est certaine par l'information. Il finit, en insinuant aux juges, qu'il y a du moins lieu de condamner l'accusé à la question, avec la réserve des preuves ; et que ce n'est pas le cas de faire dépendre son absolution de la fermeté qu'il aura à ne point avouer son crime ; au lieu qu'en réservant les preuves, s'il a cette fermeté à la question, il pourra toujours être condamné à la restitution des espèces, et à une peine afflictive, et non à une peine capitale suivant l'ordonnance.

Le parlement d'Aix rend un arrêt le 17 février 1728, par lequel il ordonne *que Bernard, valet de la bastide de Paret, sera ouï d'office.*

En exécution de cet arrêt, Bernard est ouï. Il dit avoir creusé avec Mirabel en présence de la fermière de *Paret*; mais qu'il ne trouva rien, ne vit aucun linge, et n'entendit aucun tintement. Qu'un autre jour Mirabel lui dit avoir trouvé plusieurs pièces d'or, mais qu'il ne lui en avoit jamais montré ni indiqué aucune, n'ayant fait aucune recherche à ce sujet, non plus que sa maîtresse; et qu'il ne lui avoit jamais dit qu'il eût couru risque d'être assassiné, bien qu'il couchât alors avec lui. Cette déposition commence à découvrir la vérité.

Auquier, ayant été de nouveau interrogé, offre de prouver que le 6 septembre, jour de la prétendue remise du trésor, il étoit à Pertuis, distant de huit lieues.

Mirabel obtient une continuation d'information, et fait entendre deux nouveaux témoins.

Le premier dépose seulement, que Mirabel fréquentoit Auquier. Le second, nommé Pierre Caillot, dépose qu'un nommé Barthelemi, chez qui Mirabel logeoit, et qui le gouvernoit, l'avoit sollicité de témoigner qu'Auquier lui avoit avoué qu'il avoit remis les espèces de Mirabel à un capitaine de vaisseau du Ponent. Voilà le mistère d'iniquité qui commence à se développer.

Auquier présente requête le 23 mai suivant, pour être reçu à la preuve de quatre faits justificatifs.

Le premier, que, le 6 septembre 1726, Mirabel avoit soupé à Pertuis. Le second et le troisième, que postérieurement à ce jour-là, auquel Mirabel prétend lui avoir remis les espèces d'or à dix heures du soir, il avoit dit que son trésor étoit caché dans la terre, et avoit mené ses deux beau-frères *de Pertuis à Saint-Jean du Désert*, pour le leur faire voir; que là il les avoit placés aux avenues, faisant semblant de creuser, et qu'il avoit attaché une chemise à une croix, et la tenant élevée, étoit venu à eux en criant, *voici le mort.* Fourberie qui fut découverte par ses deux beau-frères, dont l'un mourut peu après, des impressions de la peur.

Le quatrième fait, que Mirabel empruntoit de l'argent de part et d'autre, sous prétexte qu'il avoit de l'or caché, et ne rendoit jamais rien.

Ces faits justificatifs qui sont prouvés, dévoilent entièrement le paysan.

Il y a arrêt le 2 juin 1728, portant *qu'avant dire au fond, il sera fait rapport par deux nouveaux experts, de l'état et description du billet de vingt mille livres; et que M. le procureur-général se pourvoira par censures ecclésiastiques, sur les faits résultans de la procédure.*

Après la publication du monitoire, les témoins sont recensés en continuation d'information, c'est-à-dire, ouis de nouveau par-devant le juge, sur la révélation qu'ils ont faite au curé en vertu du monitoire, au nombre de cinquante-trois: la preuve des faits justificatifs est complette.

M. le procureur-général fait arrêter Mirabel, et obtient que la fermière de Paret soit ajournée en personne.

Mirabel est ensuite interrogé le 2 octobre: il soutient que tout ce qu'il a dit dans son exposition est vrai.

Il y a le même jour arrêt, qui ordonne qu'il sera poursuivi par récollement et confrontation, tant contre *Auquier*, que contre *Mirabel*, *et Magdelaine Caillot* fermière de Paret.

Magdelaine Caillot ayant été arrêtée, répond le 21 novembre 1728, qu'elle n'a jamais vu aucune des pièces d'or trouvées; et qu'elle n'a jamais cru rien de tout ce que Mirabel disoit là-dessus : que, si elle a déposé le contraire, c'est que celui-ci l'a priée de le dire de même.

Pendant le cours des récollemens et des confrontations des témoins, *Etienne Barthelemi* est constitué prisonnier, et interrogé.

Il avoue avoir défrayé *Mirabel*, pendant la poursuite du procès : et dénie d'avoir proposé à aucun témoin, de dire qu'*Auquier* ait avoué d'avoir remis des espèces à un capitaine de vaisseau.

Voilà le principal ouvrier de la trame ourdie contre *Auquier*, entre les mains de la justice.

Le 6 décembre de la même année 1728, il est procédé au rapport ordonné par l'arrêt du 2 juin. Les experts sont d'abord de deux avis différens ; mais après avoir demandé un tiers, ils déclarent tous ensemble, que l'écriture du billet de vingt mille livres est de toute autre main que de celle d'*Auquier*.

Mirabel, interrogé de nouveau, soutient toujours comme vrai tout ce qu'il a dit dans sa plainte.

Il intervint arrêt le 18 février 1729,

par lequel *Auquier est mis hors de cour et de procès; et Mirabel condamné aux galères perpétuelles, et à être préalablement appliqué à la question : Caillot est condamnée à dix livres d'amende.*

Mirabel déclare le même jour à la question, qu'*Etienne Barthelemi*, ennemi déclaré d'*Auquier*, l'a porté à former son accusation, après lui avoir remis le billet de vingt mille livres dont il s'est servi; que c'est *Barthelemi* qui a indiqué les témoins.

Le 21 du même mois, il y a arrêt, portant *que Gaspard Deleuil et Françoise Fournière témoins, seront pris au corps, et qu'il sera plus amplement informé contre eux, et contre Barthelemi.*

Après l'instruction de ce nouveau procès, par récollement et confrontation, intervient un autre arrêt, *qui condamne Gaspard Deleuil et Fourniere à la question, avec la réserve des preuves;* il est exécuté le même jour : l'un et l'autre persistent à soutenir les faits qu'ils ont affirmés dans leurs fausses dépositions.

Après leurs exploits de torture, il y a un dernier arrêt le lendemain 15 décembre 1729, par lequel *Barthelemi est condamné aux galères à vie; Gaspard Deleuil et Françoise Fourniere, sont condamnés à être pendus par les aisselles, comme faux témoins; ce qui est exécuté le même jour.*

MARIAGE

MARIAGE

Fait à l'extrémité, réprouvé.

LE sieur Jean-François Arson est d'une famille honnête originaire de Saint-Malo. Il fait une grande fortune dans le commerce. Il posséde une maison de campagne au village de Montreuil près Vincennes, où il va assez fréquemment. Parvenu à l'âge de plus de cinquante-cinq ans, il n'a encore fait paroître aucune inclination pour le mariage; il ne songe qu'à faire réussir son commerce, et à jouir seul de son bien. Il est obligé d'avoir chez lui un commis assidu pour tenir ses registres, écrire les lettres nécessaires, et veiller aux correspondances. Gautier de Vignolles quitte en 1710 l'emploi de clerc de M.e Dupradel avocat au conseil, pour prendre celui de commis du sieur Arson, qui n'en a point d'autres jusqu'à son décès.

La maison de Montreuil du sieur Arson a de nouveaux charmes pour lui depuis qu'il devient amoureux de Magdelaine Savard. Elle est fille d'un jardinier du lieu, qui est locataire d'une petite maison du sieur Arson. Les complaisances de cette fille ne sont point stériles ; deux extraits baptistères, l'un du 19 juin 1722, et l'autre du 3 février 1724, annoncent sa fécondité, et la date de ses déréglemens. Les enfans sont baptisés sous les noms de père et de mère : Magdelaine Savard y est qualifiée de femme du sieur Arson ; mais il ne signe aucun de ces actes ; il y est même déclaré absent. Le scandale public de sa conduite, répandu dans la paroisse de Montreuil, retentit jusqu'aux oreilles du magistrat de police : des ordres supérieurs enlévent Magdelaine Savard de son village, et la conduisent le 22 mai 1727, dans la maison de force, où elle demeure jusqu'au 5 avril 1728.

A peine Magdelaine Savard a-t-elle recouvré sa liberté, qu'elle fait perdre au sieur Arson, par de nouveaux excès, le souvenir de la prison honteuse de sa concubine. Pour se mettre à l'abri d'une retraite forcée aussi infâme, elle engage le sieur Arson à lui assurer un asyle dans sa maison à Paris ; elle vient partager avec lui les soins domestiques ; servante et maîtresse tour à tour.

Ses déréglemens deviennent moins éclatans, à mesure que les années du sieur Arson s'augmentent, et que son tempérament s'affoiblit ; les liens de la débauche forment ceux de l'obsession domestique. Magdelaine Savard ne songe plus qu'à s'assujettir entièrement le sieur Arson, et à se rendre maîtresse absolue dans sa maison. Elle appelle une de ses sœurs pour en faire la cuisinière du sieur Arson ; elle ne néglige pas de mettre dans ses intérêts Vignolles son commis, par l'appât d'une récompense.

La famille du sieur Arson écartée de chez lui, cet homme, réduit à la compagnie de sa concubine, d'un commis, d'une servante, traîne des jours misérables : sa santé, altérée par les excès du vin et de la débauche, dépérit à vue d'œil ; des infirmités de toute espèce se déclarent successivement, et présagent une fin prochaine.

En 1734, les maladies de la pierre et de la gravelle, dont il est attaqué depuis long-temps, parvenues à leur dernier période, se font sentir dans toute leur violence. Le sieur Arson est condamné à ne point quitter le lit, ou sa chambre. La dépendance servile dans laquelle ses maux le plongent, fortifie l'empire que

Magdelaine Savard s'est acquise : néanmoins le sieur Arson conserve encore assez de sentiment, pour ne point céder aux instances intéressées que sa concubine emploie pour le résoudre au mariage.

Au commencement du mois de mars de l'année 1735, les douleurs qui accablent le sieur Arson, deviennent si aiguës, qu'il n'est plus possible de les appaiser : sa raison et ses sens s'anéantissent dans ces momens critiques ; les sollicitations et les artifices de Magdelaine Savard n'ont point de résistance à vaincre : on fait signer le 6 mars un contrat de mariage au sieur Arson, dans lequel la concubine se fait assurer douze cents livres de rente viagère de douaire préfix, et un préciput de trois mille livres. Les instans sont précieux, pour remplir les formalités apparentes du mariage ; le moindre soulagement que l'art procure au sieur Arson, lui rend la force de témoigner son aversion pour la cérémonie deshonorante à laquelle on le destine. Mais enfin, abattu sous le poids de la maladie, livré et soumis à la tyrannie d'une femme ambitieuse et avide ; effrayé par la représentation des devoirs de sa conscience qui n'a point été troublée jusqu'alors, le sieur Arson n'a plus d'autre liberté à ménager, que celle de mourir en repos; il abandonne son esprit et sa personne aux volontés de ceux qui l'environnent. Le 20 mars, Magdelaine Savard fait publier un ban dans la paroisse de saint-eustache: la dispense des deux autres est obtenue, avec la permission de faire la célébration dans le temps du carême, et de joindre les fiançailles au mariage. Le 22, le sieur Arson jetté dans une chaise à porteurs, est apporté moribond aux pieds des autels, et reçoit, sans sortir de sa chaise, le sacrement des vivans. Le sieur de Vignolles, conducteur de l'intrigue, sert de témoin, assisté de deux clercs et d'un serviteur de l'église, que le hasard fait rencontrer. A la suite de l'acte de mariage, est énoncée la déclaration des conjoints, que de leurs œuvres sont issus une fille et un garçon, qu'ils reconnoissent leur appartenir.

Le jour de la pompe nuptiale pense être celui d'un funèbre appareil. L'accablement, et la défaillance, font tomber le sieur Arson en léthargie; il n'est pas permis de lui administrer avec décence les secours spirituels; mais Magdelaine Savard a encore le temps de pourvoir à ses intérêts temporels. Au milieu des agitations du malade expirant, qui acheve de se défendre des attaques de la mort, elle surprend sa signature au bas d'un testament tout dressé, qui est daté du 24 mars, et le lendemain 25, le sieur Arson meurt.

Les scellés sont apposés dans la maison du défunt. Ses frères et sœurs, héritiers présomptifs, sont assez heureux d'empêcher la diversion des effets que renferme la maison : ils ignorent si Magdelaine Savard, et Vignolles, ne se sont point emparés de ceux dont la nécessité du commerce rend la soustraction plus aisée.

Ces deux personnages, établis dans l'appartement du sieur Arson, et se considérant comme les maîtres de tous ses biens, représentent les titres qu'ils se sont fabriqués à eux-mêmes, le contrat de mariage, et le testament. Ce dernier acte n'est pas le moins intéressant; Magdelaine Savard a eu l'imprudence d'y insérer que, lors de sa confection, le sieur Arson, malade dans son lit, étant prêt de soutenir une opération dangereuse, n'a pas voulu décéder *ab intestat* : ce qui justifie le péril de la maladie, prévue depuis un temps considérable.

Dans cette pensée d'une mort peu éloignée, qui doit tourmenter en effet le sieur Arson depuis long-temps, Magdelaine Savard fait nommer ses deux enfans mineurs, légataires universels, avec charge de substitution réciproque, en cas de décès en minorité. Elle s'acquitte envers Vignolles des devoirs de la reconnoissance, par un legs de cent mille livres. Ce legs est accompagné d'éloges et de témoignages de confiance intime du testateur pour Vignolles ; il est prié affectueusement de prendre le soin de la tutelle, régie et administration des personnes et biens des enfans mineurs, conjointement avec leur mère. C'est à lui que l'exécution testamentaire est confiée.

La levée des scellés, et la confection de l'inventaire, produisent différens incidens. Par des ordonnances du lieutenant-civil, sans préjudicier aux droits des parties, Magdelaine Savard est nommée tutrice de ses enfans ; et Vignolles demeure saisi, en faveur de sa qualité d'exécuteur testamentaire, des titres et du mobilier de la succession.

Les héritiers du sieur Arson, qui tiennent le premier degré en ligne collatérale, et qui forment trois branches, se réunissent pour faire réduire les effets du mariage de Magdelaine Savard, dans les bornes étroites dans lesquelles les loix les resserrent, et pour attaquer les odieuses dispositions que la séduction et l'intrigue ont forcé le sieur Arson de souscrire dans les derniers abois, qui font douter si le testateur appartenoit, ou à la vie, ou à la mort : ils demandent contre la veuve, qu'elle soit privée de tous les effets civils, et que ses enfans soient déclarés incapables de toutes successions légitimes et testamentaires, directes ou collatérales. Ils concluent, tant à l'égard de cette veuve, que de Vignolles, que le testament du sieur Arson soit déclaré nul, et en cas de difficulté, que sans s'arrêter au legs universel, ni à celui de cent mille livres dont Vignolles est gratifié, les biens du sieur Arson soient partagés entr'eux *ab intestat*.

Les défendeurs laissent obtenir aux héritiers une sentence par défaut. *Elle prononce définitivement, contre Magdelaine Savard, la déchéance de tous effets civils ; et contre les enfans, l'incapacité absolue de toutes successions : en conséquence, elle ordonne que, sans avoir égard au legs universel fait à leur profit, qui est déclaré nul, la succession du feu sieur Arson sera partagée entre les héritiers légitimes ; et par rapport à la nullité du testament, et à la délivrance du legs particulier fait à Vignolles, la sentence remet la cause au premier jour.*

Magdelaine Savard interjette appel de cette sentence : Vignolles ne veut point diviser sa cause de celle de l'appellante, il fait évoquer en la cour les demandes concernant le testament. Ainsi, deux objets principaux fixent l'attention de la justice ; l'un, qui regarde les effets du mariage de Magdelaine Savard, relativement à elle et à ses enfans ; l'autre, qui tend à la nullité entière du testament, ou du-moins à la proscription du legs universel, et de celui de cent mille livres.

M.e Regnard défenseur des héritiers du sieur Arson, dit, que ce n'est que par l'accomplissement scrupuleux des formalités sagement imposées par les loix, que le contrat civil est élévé à la dignité de sacrement, et de toutes ses prérogatives. Que la contravention, soit ouverte, soit frauduleuse, aux réglemens établis pour les mariages, les expose à l'appel comme d'abus, qui les détruit radicalement, ou les soumet à la peine qui les fait décheoir de tous effets civils. Que les mariages, précédés de débauches, tenus secrets et clandestins, contractés à l'extrémité de la vie entre des personnes qui ont vécu dans la licence du concubinage, sont du nombre de ceux qui, retenant à la vérité la figure du sacrement, ne transmettent aux conjoints que des titres infructueux dans l'ordre civil. Il prouve que le mariage du sieur Arson avec Magdelaine Savard a été contracté *in extremis*, et qu'il est dans le cas de l'ordonnance de 1639, et de l'édit du mois de mars 1697, qui déclarent par rapport aux mariages contractés à l'extrêmité de la vie, tant à l'égard des femmes que des hommes, les enfans qui sont nés de leurs débauches, avant, ou qui pourroient naître après les mariages contractés en cet état, incapables de toutes successions, aussi bien que leur postérité. Il finit en disant, que Magdelaine Savard se consoleroit des rigueurs de la loi, si les libéralités testamentaires du sieur Arson l'en dédommageoient; mais il soutient qu'elle n'a pu s'assurer indirectement, par des dispositions suggérées, les avantages auxquels elle est directement obligée de renoncer, ainsi que ses enfans; et que la suggestion apparente du testament annulle également le legs du sieur Vignolles.

M.e Cochin défenseur de Magdelaine Savard et de ses enfans, cherche dans des distinctions subtiles et gênantes, des maximes qui puissent convenir à la situation de sa partie, et se concilier avec la loi.

M.e Aubry avocat du sieur Vignolles, contre lequel on prétend que sa qualité de commis est un obstacle à son legs, prouve qu'elle ne produit point d'incapacité dans la personne du légataire.

L'arrêt définitif, *reçoit la partie de M.e Aubry partie intervenante, la reçoit appellante de la sentence du châtelet au principal; en tant que touche l'appel interjetté par la partie de M.e Cochin, a mis l'appellation au néant avec amende et dépens; sauf aux enfans à se pourvoir au châtelet pour leurs alimens, à la veuve pour la répétition de sa dot, et reprises, s'il y échet, défenses reservées aux héritiers du sieur Arson; en tant que touche l'appel interjetté par la partie de M.e Aubry, a mis l'appellation, et ce dont est appel, au néant; émendant, évoquant le principal, et y faisant droit, fait délivrance à la partie de M.e Aubry du legs à elle fait de cent mille livres, avec les intérêts du jour de la demande, en affirmant par elle en personne à l'audience, qu'elle ne prête point son nom directement, ni indirectement, à la veuve, ni à ses enfans, ni à autre personne prohibée; qu'elle a intention d'en profiter, et qu'elle n'en disposera point en faveur de la veuve ni de ses enfans, ni d'aucune autre personne prohibée; et en cas d'affirmation, dépens compensés.*

Cet arrêt est du 16 mars 1736.

Fin du tome second.

TABLE
DU
TOME SECOND.

TABLE.

Fin de la table du tome second.

www.ingramcontent.com/pod-product-compliance
Ingram Content Group UK Ltd.
Pitfield, Milton Keynes, MK11 3LW, UK
UKHW021058230726
13926UKWH00004B/1916